SKY & MIRJA DU MONT
Unsere tägliche Krise gib uns heute
Eine witzige Soforthilfe
für den Beziehungswahnsinn

Buch

Bücher, die die Tücken des Beziehungswahnsinns zwischen Mann und Frau thematisieren, gibt es wie Sand am Meer. Doch selten wird darin aus dem eigenen Leben geplaudert. In *Unsere tägliche Krise gib uns heute* jedoch erzählen Sky und Mirja du Mont eine Homestory der ganz besonderen Art. Charmant gewähren sie einen persönlichen Einblick in die Fallstricke und Freuden ihres Liebesalltags. Wer legt mehr Wert auf romantische Candle-Light-Dinners? Wieso kocht der Mann, als gäbe es kein Morgen, und aus welchem Grund ist es die Frau, die dann beim Abwasch das böse Erwachen hat? Wer muffelt mehr in der Früh, hat schneller nach der Fernbedienung gegriffen und behauptet sich im Revierkampf um das Badezimmer? Von ihrer ersten Begegnung über den Heiratsantrag bis hin zur Kindererziehung und der gemeinsamen Abendgestaltung präsentieren Sky und Mirja du Mont amüsant die Geschichte ihrer Ehe. Wetten, dass der ganz normale Beziehungswahnsinn die du Monts nicht weniger in seinen Fängen hält als Sie zu Hause?

Autoren

Sky und Mirja du Mont sind seit vielen Jahren glücklich verheiratet und haben zwei Kinder. Ihre Eigenheiten (oder vielmehr die des Partners) nehmen sie mit Humor, genauso wie den Altersunterschied zwischen ihm und ihr.

Sky & Mirja du Mont

Unsere tägliche Krise gib uns heute

Eine witzige Soforthilfe für den Beziehungswahnsinn

blanvalet

INHALTSVERZEICHNIS

MÄNNER UND FRAUEN: EINE GÖTTLICHE KOMÖDIE

Gott und die Frauen   7

Typisch Frau   10

Typisch Mann   13

AUFEINANDERTREFFEN

Liebe ist göttlich   17

Mirja lernt Sky kennen   24

DA HILFT NUR GOTTVERTRAUEN: ZUSAMMENWACHSEN

Mirja zieht ein   31

Der Heiratsantrag   38

Irren ist männlich   45

KRISENBEWÄLTIGUNG: IM STURM DES LEBENS

Wahrnehmung   51

Männer sind Elefanten   55

Frauen sind Elefanten   57

Die beste Freundin   61

Einander erkennen: Sex   64

... gibt's der Herr im Schlaf 70
Kinder – Glück mit Haken 77
Typisch kleiner Mann 88
Mensch, gedenke! 93
Film und Fernsehen 100
Mit dem Wagen unterwegs I 105
Mit dem Wagen unterwegs II 108
Geschenke des Himmels? 111
Wohlfühlen für Männer 119
Wohlfühlen für Frauen 120
Körperpflege 123
Der kranke Mann 124
Ausflüge 128
Familienausflüge 131
Quo vadis? Reisen 134
Übernachten im Hotel 136
Irdische Güter 140
Sportliche Ertüchtigung 148
Meinungsverschiedenheiten 152
Nahrungsaufnahme 157
Ordnung muss sein? 162
Die Mächte des Himmels 165

FAZIT: KANN MAN IRGENDWAS TUN AUSSER BETEN?

Unsere tägliche Krise 169
Merkzettel für Frauen 170
Waschzettel für Männer 172
Von Ewigkeit zu Ewigkeit 175

MÄNNER UND FRAUEN: EINE GÖTTLICHE KOMÖDIE

GOTT UND DIE FRAUEN

Ganz klar, die Menschheitsgeschichte muss neu geschrieben werden. Bereits der Beginn kann nicht als authentisch gelten und so nur von einem weiblichen Wesen beschrieben worden sein. Nachdem davon auszugehen ist, dass Gott ein Mann ist, muss eine Frau das erste menschliche Lebewesen auf dieser Erde gewesen sein. Sie fragen sich nun sicher, warum.

Bekanntermaßen hat Gott sieben Tage für die Erschaffung dieser wenig vollkommenen Welt gebraucht. Ich bitte Sie: Stellen Sie sich vor, Sie sind allmächtig. Würden Sie sieben Tage für all das brauchen? Höchstens einen halben Tag!

Also, womit hat Gott dann die restlichen sechseinhalb Tage verplempert? Genau, er hat in dieser verbleibenden Zeit versucht, die perfekte Frau zu erschaffen, und genau das hat sich so hingezogen.

Das erste Modell wollte einen kleineren Po und einen größeren Busen. Aber bei der Statik von Busen-groß-Po-klein fiel natürlich der erste Prototyp ständig nach vorne um. Dann wollte das nächste Modell blond sein, das andere schwarzhaarig ... und so ging es ständig weiter.

Schlussendlich sah unser Herr ein, dass es ein Fehler gewesen war, der Frau schon bei ihrer Konstruktion einen eigenen Willen zu geben, denn damit hatten seine Probleme begonnen.

In dem göttlichen Bemühen, ein Wesen zu erschaffen, das der männlichen Perfektion, seinem Ebenbild, annähernd gleichkommen würde, verbrauchte Gott also den größten Teil der Schöpfungswoche. Er erkannte deprimiert, dass er für ein fehlerfreies weibliches Modell Jahrzehnte gebraucht hätte.

Die Erschaffung des Mannes war dagegen ein Spaziergang. 85 Prozent Geschlechtstrieb, der locker auch noch als Hirn fungieren konnte, 5 Prozent innere Organe, wobei die Leber besonders stark ausgeprägt und belastbar sein musste, und 10 Prozent Muskeln; schon war der erste Prototyp Mann fertig.

Zurück zur Urlüge, Gott hätte zuerst den Mann erschaffen und dann das Weib aus dessen Rippe geformt. Eine Behauptung, die sich über Jahrtausende hartnäckig und unwidersprochen gehalten hat. Kein Wunder. Da Gott ein Mann ist, ist natürlich sein Gedächtnis mit wichtigeren Dingen beschäftigt, als sich daran zu erinnern, was er vor Millionen von Jahren kreiert haben soll. Das männliche Hirn hält sich nämlich mit solch unerheblichen Dingen nicht lange auf. Es sind die wichtigen Fragen des Lebens, die zählen: Wo steht im Eisschrank das Bier? Mit wie vielen Toren muss Schalke gegen Madrid gewinnen, um in die nächste Runde zu kommen? Oder: Wie viel PS hat der neue Porsche?

Es ist außerdem eine lächerliche Behauptung, dass der Sündenfall und die Vertreibung aus dem Paradies mit einem Apfel begonnen haben sollen. Man stelle sich einmal vor: Eva (natürlich unbekleidet) lockt Mann mit einem Apfel. Mann nimmt Apfel und beißt hinein. Völlig unglaubwürdig. Es müsste heißen: Frau lockt nackend mit Apfel, Mann zerrt Frau ins Gebüsch, Apfel bleibt zurück. Oder, in der Alternativversion: Frau lockt (nackend) mit Flasche Bier, Mann trinkt Bier und zerrt Frau trotzdem ins Gebüsch. Leere Flasche bleibt zurück.

Egal welche Version, das Gebüsch bleibt immer das gleiche. Was schließen wir daraus? Es *muss* anders gewesen sein!

Die Frau war also fraglos zuerst da, aber schlau wie sie nun mal ist, begab sie sich mit gespielter Unterwürfigkeit auf die zweite Position und behauptete, sie sei erst *nach* dem Mann erschaffen

Das Paar erklärt:

Was dieses Buch soll

Nein, dieses Buch hilft nicht, Vorurteile abzubauen. Und es ist keine theologische Arbeit. Alle Frauen dürfen sicher sein: Wir geben Ihnen in diesem Buch recht. Alle Männern übrigens auch. Wenn Sie Gründe suchen, Beweise, Ausreden – hier werden Sie fündig.
Wo Sie sich bestätigt sehen, berufen Sie sich gerne auf uns. Wo Sie sich missverstanden fühlen, betrachten Sie alles, was wir hier schreiben, als fatalen Irrtum. Und wo Sie der Meinung sind, das ist zwar Unsinn, aber amüsant, empfehlen Sie uns gerne weiter.

»Die rosa Texte sind von Mirja, die in Schwarz von mir.«
»Wieso entscheidest du schon wieder, wer welche Farbe bekommt?!«
»Naja, ich dachte nur, dass Rosa besser zu dir ...«
»Ich hasse Rosa!«
»Dann nimm halt du Schwarz.«
»Und du Rosa? Damit alle, die das Buch lesen, glauben, mein Mann sei schwul? Niemals! Dann nehme ich schon lieber Rosa!«
»Okay, also, ich wollte sagen ...«
»Aber du hättest schon vorher fragen müssen! Typisch Mann, immer seinen Willen durchsetzen wollen.«
»... typisch Frau, immer rummosern.«

worden (wohl wissend, dass sich Gott nach der langen Zeit und all dem Stress nicht mehr daran erinnern würde). So kann sie sich ruhig zurücklehnen und alle Fehler dem Mann in die Schuhe schieben, ganz nach dem Motto: Wer zuerst da war, ist immer an allem schuld!

»Hä? Wie kann es dann sein, dass ihr Männer uns Frauen jahrhundertelang die Schuld an der ganzen Apfelgeschichte zugeschoben habt? Und wie kommst du überhaupt auf die Idee, dass Gott nur ein Mann sein kann? Das ist so was von fantasielos! Typisch Mann!«

TYPISCH FRAU

Es gibt eine Menge Vorurteile über Frauen. Die meisten davon sind selbstverständlich richtig. So weit die gute Nachricht. Die schlechte: Meine Frau bestätigt die meisten davon – nicht. Sie parkt besser ein als ich, sie ist besser im Kopfrechnen, und den Schraubenzieher schwingt sie in unserem Haushalt sowieso. Dennoch ist sie eine typische Frau, und Frauen erwarten alle das Gleiche.

Schauen wir uns doch das mal genauer an: Natürlich sollen wir Männer einfühlsam sein und rücksichtsvoll. Wir sollen zuhören können und gelegentlich auch mal etwas zum Gespräch beitragen. Sensibel hätten uns die Frauen gerne und feinsinnig. Dabei nicht ungalant, sondern ganz Gentleman der alten Schule. Die Rechnung zahlen? Klar, so emanzipiert, dass sie sich nicht einladen ließen, sind doch nur militante Feministinnen.

Der Mann sei also Lamm *und* Araber aus edlem Gestüt, gleichzeitig ein bisschen Schmusekater und wenn nötig auch ein Löwe. Nicht selten außerdem eine Mischung aus bester Freundin, Schmusedecke und Daily Soap. Aber den Rasen mähen muss er können. Und die Hecke schneiden. Er soll sich mit Handwerkern herumschlagen, wenn er nicht sowieso gleich selbst zum Werkzeug greift (wobei der kluge Impuls dazu gerne von der Frau kommen darf). Ein guter Mann sollte die Waschmaschine nicht nur bedienen, sondern sie auch gleich reparieren können. Darüber hinaus darf er die Wände streichen, verklebte Einmachgläser öffnen, den DVD-Player programmieren, den Müll raustragen, muss den Mülleimerdeckel wieder anbringen können und sämtliche elektrischen Leitungen im Haus mit Vornamen kennen – und selbstverständlich in der Lage sein, sie ab- und umzuklemmen. Ach ja, es ist darauf zu achten, dass er keinen Schmerbauch entwickelt, kinderlieb und abends sowie an Wochenenden familiär verfügbar ist. Während er den Abwasch erledigt, soll er aussehen wie George Clooney, wenn der mal einen richtig guten Tag hat.

Solch ein Mann ist, wenn er den weiblichen Vorstellungen entsprechen soll, eigentlich nichts weniger als ein überirdisches Wesen mit praktisch unbegrenzten Fähigkeiten. Und das sagt viel über die Frauen aus.

Was mir – leider erst sehr spät – aufgefallen ist, ist, dass Männer und Frauen meist Spiegelbilder sind. Vielleicht kommt es daher, dass wir einander so lange Zeit gefallen wollen. Bis wir irgendwann einsehen, dass das dauerhaft gar nicht möglich ist. Jedenfalls aus männlicher Sicht. Denn die Anforderungen an den Mann wachsen leider mit der Zeit. In dem Maße, in dem wir Männer dem ursprünglichen Ideal näherkommen, steigen die Ansprüche, und je länger eine Frau an ihrem Mann herumerzieht (denn, seien wir doch mal ehrlich, das tut fast jede, und zwar andauernd), umso ehrgeiziger wird sie dabei.

Leider bemerken die meisten Frauen nicht, dass sich ihr Ziel immer weiter verschiebt, je mehr sie sich ihm nähern. Mit anderen Worten: Das Ganze ist eine unendliche Geschichte. Und so kommen wir nie zusammen: wir Männer und die Übermenschen, die wir sein sollten.

Gleichzeitig tendieren die meisten Frauen dazu, wegen dieser unerwarteten Blindgängerei entweder zunehmenden Unmut zu entwickeln – oder eine ausgeprägte Resignation. Idealerweise resigniert die Frau jedoch freundlich-liebevoll, indem sie einsieht, dass das nie was wird und dass sie ihren Mann trotzdem lieb hat (den kleinen Versager).

Zum Trost sei den Frauen versichert: Die Frustration auf männlicher Seite ist nicht geringer. Ständig sollen und wollen wir ein anderer, ein besserer Mann sein – und kaum haben wir ein Problem in den Griff gekriegt, da stellen sich ein halbes Dutzend neue Herausforderungen.

Das heißt, die Frauen stellen sie uns.

Es ist also nicht leicht, ein für beide Seiten befriedigendes Zusammenleben von Frau und Mann zu erreichen.

Ein guter Freund von mir sagt immer: Wenn du glücklich werden willst, heirate. Wenn du nicht unglücklich werden willst, heirate nicht.

Klar ist, wir alle, ob Frau oder Mann, lassen uns nicht über einen Kamm scheren. Aber es ist schon was dran: Männer sind anders. Und Frauen erst recht.

Die Natur hat es freundlich so eingerichtet, dass uns jedenfalls nie langweilig wird in dieser Konstellation. Nur die ganz Unbegabten öden sich an. Alle anderen haben immer an sich und am Partner zu arbeiten. Letzteres macht natürlich viel mehr Spaß.

TYPISCH MANN

Klar, den typischen Mann, den gibt es. Millionenfach. Männer sind einfach komplett andere Wesen. Und die Vorurteile stimmen. Jedenfalls fast alle und fast immer. Auch bei Sky.

Wenn es immer wieder Paare gibt, bei denen es mit so einem Mann gut geht, ist das selbstverständlich das Verdienst der Frau. Das liegt vor allem daran, wie unterschiedlich sich Frauen die Männer wünschen und Männer die Frauen!

Wenn ich zum Beispiel überlege, was Sky über die Frage denkt, wie Frauen sich Männer vermutlich vorstellen, dann fallen mir nur zahme Tugenden ein. Er soll treu, kinderlieb, humorvoll, verlässlich – und natürlich ein Gentleman sein. Dagegen ist nichts einzuwenden. Aber viele Frauen wünschen sich eher den verwegenen Typ. Der muss nicht schön sein, schon gar nicht gestriegelt. Doch eine wilde, ein bisschen animalische Ausstrahlung wie bei dem Kerl aus der Deowerbung würde nicht schaden und wirkt äußerst anziehend. Frauen wollen Helden!

Und die Männer? Die hätten natürlich gerne eine verständnisvolle Frau, die nicht herummotzt, wenn er mal wieder einen Abend mit Fußballgucken zubringt oder am Stammtisch. Tolerant soll sie sein, wenn er im Büro festsitzt, und erst recht, wenn er wieder nicht vom Computer loskommt (und von seinen bescheuerten Games). Am besten holt sie ihm dann ein Bier, weil er ja nicht wegkann. Also lieb und nett soll sie sein. Aber wenn sie sich enthüllt, dann natürlich supersexy und auf keinen Fall zurückhaltend im Bett. Dabei sind Männer, was das Äußere angeht, längst nicht so speziell wie man allgemein annimmt. Denn sie sind vor allem bequem. Wenn die Servicestation Frau funktioniert, geben sie sich durchaus tolerant.

Männer und Frauen: Eine göttliche Komödie

Frauen sind anders als Männer

Dies ist wohl die Untertreibung des Jahrhunderts. Männer scheinen aus einer anderen Galaxie zu kommen. Sie sind fremdgesteuert, um nicht zu sagen triebgesteuert. Frauen dagegen sind musik-, geruchs-, stimmungs- und konsumgesteuert. Der Kauf einer neuen Handtasche oder neuer Schuhe schüttet bei Frauen dasselbe Glückshormon aus wie Sex beim Mann.

Erstaunlich eigentlich, dass Frauen trotzdem so oft den Falschen erwischen. Denn die Sache mit der Intuition, die ja angeblich weiblich ist, die gibt's, das schwöre ich. Und so ganz grundlegend ändert sich der Typ auch gar nicht mehr, wenn man ihn mal an der Angel hat.

Deshalb müsste eine Frau, wenn sie auf ihren Bauch hört, eigentlich immer die richtige Wahl treffen. Und doch liegen so viele falsch. Oder jedenfalls ein bisschen daneben.

Zum Trost sei gesagt: Man kann da etwas tun, das Geheimnis lautet Erziehung. Es gibt schließlich kein Naturgesetz, wonach die Frau kochen und bügeln muss, auch wenn sich das viele Kerle so wünschen.

Sky bügelt übrigens, ich koche, hier ergänzen wir uns prima. Zugegeben, ich habe da einen Glücksgriff getan. Was in meinem Fall auch bitter nötig war, denn meine Mutter hat mich immer zur Hausarbeit gedrängt und anschließend Abnahme gemacht. Das Ergebnis war, dass ich schließlich überhaupt keine Lust mehr hatte, zu putzen oder aufzuräumen, und nach dem Motto lebe: Wer Ordnung hält, ist nur zu faul zum Suchen. In diesem

Punkt hat sich in unserer Partnerschaft das klassische Rollenklischee ganz einfach umgedreht.

Wir müssen die Frage, wozu es überhaupt Männer gibt, also nicht beantworten mit dem alten Spruch: »Weil ein Vibrator nicht den Rasen mähen kann«, sondern können als Grund angeben: Weil es doch noch Hoffnung gibt auf ein Happy End.

In den seltenen Momenten des Waffenstillstands kann man die Zweisamkeit mal so richtig genießen.

AUFEINANDER-TREFFEN

LIEBE IST GÖTTLICH

Was gibt es Schöneres als den ersten Augenblick, diesen Moment der Erkenntnis, in dem zwei Menschen plötzlich wie Fische an einer unsichtbaren Angel zappeln.

Es ist natürlich eine Angel mit zwei Haken, denn an beiden Enden hängt sich ja etwas fest. Ein Blick. Ein Wort. Ein Lächeln. Meist ist es nicht viel, was geschieht – aber die Wirkung ist gewaltig.

Frauen und Männer – Missverständnisse pflastern ihren Weg. Doch manchmal ist er einfach da, der sprichwörtliche Funke, der überspringt. Bestes Beispiel: Mirja und ich.

Der Mann rät:

Achten Sie auf die unausgesprochene Einladung der Frau

Was Mann wissen sollte: Frauen tun den ersten Schritt. Auch wenn sie gar nichts tun! Aber sie sind es, die das Signal geben: »Du darfst.« Frauen können so schnell den Laden zumachen, dass sich jede weitere Bemühung erübrigt, wenn dieses erste Signal fehlt – oder wenn der Eingeladene nicht in der gewünschten Weise reagiert hat. Klar: Frauen wissen, was sie wollen. Und manchmal wollen sie eben den Mann. Dann sprechen sie wortlos die Einladung aus: »Ja, ich will angeflirtet werden.« Oder eben nicht. Letzteres ist für manchen Mann ein nachhaltiger Schock. Aber da müssen wir eben durch.

Aufeinandertreffen

Es war ein eiskalter Donnerstag im Januar. Der Bitte eines Regisseurs, mit dem ich gerade einen eher mittelmäßigen Film gedreht hatte, doch unbedingt mit zur Verleihung des Bayerischen Filmpreises zu kommen, konnte ich nur mit fadenscheinigen Ausreden begegnen. Sie ahnen es: Es gelang mir nicht, aus der Nummer herauszukommen, also sagte ich widerwillig zu. Hätte ich gewusst, dass dieser Abend mein Leben verändern würde – und *wie* er es verändern würde –, ich wäre freudig bereits fünf Stunden vor Beginn der Veranstaltung da gewesen.

Da meine hellseherischen Fähigkeiten in der Regel jedoch dürftig sind und die Lust auf diesen Abend sich in Grenzen hielt, nahm ich mir vor, möglichst früh wieder zu gehen, während ich mich in einen viel zu engen Anzug zwängte und ins Hotel *Vier Jahreszeiten* schleppte. Dort hatten wir uns verabredet.

Und klar, wie sollte es auch anders sein, der Regisseur und seine Entourage fehlten. Der Gedanke, diesen Wink des Schicksals zu nutzen und mich aus dem Staub zu machen (ich warte äußerst ungern), wurde von der Ankunft einer blonden, unbeschreiblich attraktiven Frau zunichte gemacht, denn meine Hormone feierten in diesem Augenblick eine wundersame Wiederauferstehung.

Mirja war in mein Leben getreten. Natürlich ahnte ich *das* zu diesem Zeitpunkt noch nicht, aber ich fühlte deutlich, dass etwas Bedeutendes geschehen war.

In den folgenden Jahren haben wir immer wieder über diesen ersten Blick, diesen ersten Moment gesprochen. Mirja weiß bis zum heutigen Tag, was ich anhatte, was ich sagte und wie dämlich ich sie angesehen haben muss. Mein Bewusstsein war, hormonell bedingt, dermaßen beeinträchtigt, dass ich nur noch zwei Dinge in Erinnerung behalten habe: Sie trug ein rotes,

Vorsicht, Hormone!

Das hauptsächliche und bekannteste männliche Geschlechtshormon aus der Gruppe der Androgene ist Testosteron. Es bewirkt, dass in Sekundenschnelle manche Organe verstärkt durchblutet werden (ausgenommen das Gehirn) und die hektische Atmung (oft auch Schnapp-Atmung genannt) rasant zunimmt.

knallenges Kleid, hatte Stil und einen atemberaubenden Körper. Naja, das mit dem Stil habe ich natürlich erst viel später bemerkt, zunächst war ich überwiegend optisch beschäftigt.

Nachdem ich vermutlich irgendetwas Dümmliches von mir gegeben hatte, schrumpfte mein Hirn auf die Größe eines Pingpongballs zusammen, und ich atmete nur noch Emotionen. Vielleicht war auch das der Grund, warum ich den Mund nicht mehr zubekam: Sauerstoffmangel wegen schlecht durchbluteten Gehirns – und fragen Sie bitte nicht, wo sich achtzig Prozent meines Blutes befanden.

Da wir bei der Verleihung nicht nebeneinander saßen, hatte ich neunzig Minuten Zeit, mir zu überlegen, was ich bei der Aftershow-Party Intelligentes von mir geben könnte, um diese faszinierende Frau zu beeindrucken.

Tja, was sagt Mann in solchen Momenten? Und vor allem: Wie verbirgt Mann seine eindeutigen Blicke und Gedanken? Das enge rote Kleid hatte ich ja bereits erwähnt. Mann will ja nicht mit der Tür ins Haus fallen.

Es wurde dann doch noch ein halbwegs zivilisierter Abend, an dem mir diese Traumfrau erlaubte, sie zu beflirten. Es ist mir

Aufeinandertreffen

schon lange klar, dass es immer die Frau ist, die das Startsignal gibt: Zeig, was du drauf hast! Oder eben nicht. Ja, ich hätte ihr gerne an diesem Abend bewiesen, dass ich ein Nest bauen, einen Bären erlegen und für genügend Nahrung sorgen könnte ... und all das in meinem viel zu engen Anzug. Nur nebenbei bemerkt: Bereits am nächsten Morgen wurde ich Mitglied in einer nahe gelegenen Muckibude und begann sofort eine strenge Diät.

Wunder geschehen! Ich brauchte den Bären nicht zu erlegen und musste auch kein Nest bauen, zumindest nicht gleich. Sie gab mir einfach ihre Telefonnummer, und wir verabredeten, in der kommenden Woche zu telefonieren. Zwar kein großer Durchbruch bei der Eroberung dieser Traumfrau, aber zumindest ein kleiner Schritt in die richtige Richtung.

Sie erzählte mir, dass sie wenige Tage später Geburtstag hätte. Im Geiste bestellte ich schon ein mächtiges Blumenbouquet, um ihr damit meine unsterbliche Liebe zu beweisen.

Doch dann geschah es. Wie ein unheilvolles Gewitter brach sie über mich herein: die Killerfrage. Die gnadenlose Augenöffner-Frage. Die Warum-musste-ich-Idiot-diese-Frage-überhaupt-stellen-Frage. Die Das-war-sowieso-total-unpassend-Frage. Die So-was-fragt-man-eine-Frau-nie-und-wenn-du-einen-Beweis-dafür-brauchtest-dann-hast-du-ihn-jetzt-Frage. Ich fragte sie tatsächlich, den wievielten Geburtstag sie denn feiern würde, und die Zahl ließ mich zur Salzsäule erstarren: 23. In Worten: dreiundzwanzig.

Ich war buchstäblich wie gelähmt, brachte nur noch den Satz heraus: »Schönen Abend noch« und verließ rückwärts und stolpernd den Saal. 29 Jahre Altersunterschied, das war eine Generation, das waren Welten! Dass die Frau aussah wie von einem anderen Stern, das ging ja in Ordnung. Aber musste sie deshalb ein Alter haben wie von einer anderen Galaxie? Schaudernd blickte ich in den Abgrund meines Alters. Niemals konnte so etwas funktionieren, so viel war sicher.

Und so verließ ein grauhaariger älterer Herr in einem viel zu engen Anzug von Trostlosigkeit entseelt den Saal. Mit seinem Schicksal hatte er abgeschlossen. Da war keine Hoffnung mehr. Und schon gar keine Zukunft.

Doch es sollte anders kommen.

Zu Hause schleppte ich mich depressiv zu meinem PC, um im Internet die günstig gelegenen Fitnessstudios zu suchen. Und, wie es der Teufel, oder nennen wir es in dem Fall lieber das Schicksal, so wollte, landete ich auf der Homepage vom Blumenlieferservice Fleurop.

Fettnäpfchen!

Keine Frage des Alters

Fragen Sie nie eine Frau nach ihrem Alter. Sie wird es Ihnen sowieso niemals ehrlich verraten. Ausnahme: Sie ist bedeutend jünger als Sie. Allerdings wird sie dann den stolzen und triumphierenden Blick nicht verbergen können, nach dem Motto: Ich jung – du alt! Ich biete dir meine Jugend, du mir deine goldene Kreditkarte. (Aber das sind dumme Klischees, meiner nicht würdig!)

Allein das ist schon der Beweis, dass Frauen uns nicht nur verzaubern, sondern auch verhexen. Oder sagen Sie mir, wieso man beim Suchen statt FIT die Buchstaben FLEU eingibt?

Egal, mir kam wieder in den Sinn, dass Mirja bald ihren ... nein, an das Alter wollte ich nicht einmal denken ... Geburtstag feiern würde. Und da würde sich doch ein Strauß dunkelroter Rosen gut machen. Für den Bruchteil einer Sekunde durchzuckte mich ein Anflug von Vernunft. Nein, rote Rosen wären zu dick. Wer rote Rosen schickt, will was, eindeutig! Natürlich wollte ich was, aber ganz so eindeutig sollte es nun auch wieder nicht aussehen. Also bestellte ich: weiße Rosen. Wirkt unschuldiger. Aber wie viele? Zu wenig wirkt geizig, zu viel ... und schon wieder dieses Dilemma: Wer nicht kleckert, klotzt. Und wer klotzt, Sie ahnen es: der will was!

Aber nicht zu lange überlegen, schnell den Betrag eingeben und auf SENDEN klicken.

Der Mann rät:

Welche Blumen für die Dame?

Wählen Sie die Rosen für Ihre Angebetete mit Bedacht aus. Rote Rosen bedeuten: Ich liebe dich über alles (das heißt, ich will mit dir endlich in die Kiste und habe mich deswegen sogar in Unkosten gestürzt). Gelbe Rosen symbolisieren Zweifel an der Treue der Angebeteten (für den Einstieg in eine Beziehung wohl nicht das Richtige, das Geld hätten Sie sich sparen können). Mit weißen Rosen sagt man: Ich liebe dich heimlich ... und jetzt wissen es alle!

Nächstes Problem: Wann soll ich sie anrufen, oder sollte nicht sie zuerst anrufen, um sich für die Blumen zu bedanken? Eigentlich genial: Ich hatte mit 50 Mark erreicht, dass Mirja den ersten Schritt machen musste. Meine Güte, war ich stolz auf diesen schlauen Schachzug, aber bereits damals schwante mir, dass das nur eine Selbsttäuschung war. Frauen sind klug, sie sind klüger, als wir Männer glauben. Sie lassen uns unseren Willen, weil sie wissen, dass wir nach einer gewissen Zeit an ihrer Seite keinen mehr haben, zumindest keinen eigenen. Das war schon vor Tausenden von Jahren so und wird auch so bleiben.

Ein Mann wird sich in regelmäßigen Abständen auflehnen, auf den Tisch hauen, um dann an der sinnlichen Weiblichkeit wieder zu zerschellen. Unser Blut kann nun mal nicht zur gleichen Zeit im Hirn und unter der Gürtellinie sein. Unsere Multitasking-Fähigkeiten beschränken sich auf wenige Dinge wie: Kaugummikauen und zur gleichen Zeit über die Straße gehen. Aber zurück zu meinem Liebes-Coup:

Die Tage vergingen, sie kamen mir wie Wochen vor. Am liebsten hätte ich den Strauß selber in Hannover abgegeben. Nach einer letzten unruhigen Nacht (was würde ich tun, wenn sie nicht anrief?) meldete sich Mirja gleich am nächsten Morgen. Ich tat bescheiden, spielte den Coolen und freute mich über ihre Freude.

Die nächsten Wochen bestanden dann aus langen, wundervollen Telefonaten.

Mirja behauptet heute, *ich* hätte sie bereits am nächsten Morgen um acht Uhr angerufen. Daran kann ich mich beim besten Willen

Aufeinandertreffen

Der Mann rät:

Greifen Sie zum Hörer

Das Telefonieren in dieser frühen Phase ist perfekt, weil man sich absolut unbeeinflusst austauscht. Es gibt keine Optik, kein Gesicht und kein Alter, nur Worte, Gedanken und im besten Fall blindes Verstehen. Glauben Sie mir: Man kann sich tatsächlich am Telefon kennenlernen, und das Gute daran ist, dass man besser aufpasst, weil man nicht durch spektakuläre, superenge rote Kleider abgelenkt wird oder vor allem von dem, was drinsteckt.

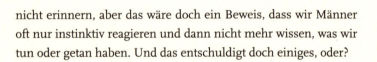

nicht erinnern, aber das wäre doch ein Beweis, dass wir Männer oft nur instinktiv reagieren und dann nicht mehr wissen, was wir tun oder getan haben. Und das entschuldigt doch einiges, oder?

MIRJA LERNT SKY KENNEN

Ja, an unsere erste Begegnung kann ich mich sehr genau erinnern.

Ein guter Freund rief mich eines Abends an und fragte, ob ich ihn nicht in München zur Verleihung des Bayerischen Filmpreises begleiten wolle. Was für eine Frage! Natürlich sagte ich ja, schließlich war ich noch nie in meinem Leben auf so einer Veranstaltung gewesen.

Nach einer meiner Vorlesungen in der Uni machte ich mich auf den Weg in die Stadt, um mir ein passendes Outfit zu kaufen. Ein voller Erfolg: Gleich im ersten Nobelladen wurde ich gar nicht bedient. Eine Verkäuferin raunte ihrer Kollegin zu: »Die kann sich hier eh nichts leisten.« Das sollte ich durchaus hören, und so verging mir sehr schnell die Lust. Vielleicht war es doch keine so gute Idee gewesen, sich unter die »Schickimickis« zu mischen.

Ziemlich niedergeschlagen machte ich mich auf den Heimweg, als ich plötzlich aus den Augenwinkeln das Traumkleid in einem Schaufenster sah. Ja, ein Traum in Knallrot und höllisch figurbetont. Und dann passte dieser Megafummel auch noch wie angegossen! Der Abend war gerettet – aber wie gerettet, das stellte ich erst viel später fest. Denn das Kleid und dieser Abend sollten gewaltige Folgen für mein zukünftiges Leben haben.

Am nächsten Tag ging es dann nach München. Nachdem ich im Hotel eingecheckt hatte, machte ich mich sofort an die Arbeit: Beine rasieren, duschen, Lockenwickler in die Haare; meine Güte, die Zeit raste! Auch wenn ich mit Sicherheit wusste, dass ich auf der Veranstaltung niemanden persönlich kannte ... egal, man (oder besser frau) will ja gut aussehen.

Als ich wie verabredet pünktlich um sechs in der Lobby meines Hotels wartete, wurde ich doch langsam nervös. Was würde dieser Abend bringen? Irgendwelche Promis, die ihre (Ein-)Bildung vor sich hertragen? Das konnte ich wirklich nicht brauchen, und Laber-Schwätz war auf einmal noch das geringste Übel, das ich erwartete. Nun mag sich der Leser zu Recht fragen, warum ich überhaupt zu dieser Preisverleihung zugesagt hatte. Tja, da gibt es eigentlich nur eine Antwort: Es war der untrügliche weibliche Instinkt.

Aufeinandertreffen

Die Frau erläutert:

Die richtige Kleidung

Es hat lange gedauert, bis ich begriff, dass wir Frauen uns nicht für die Männer schön anziehen, sondern für uns und die Konkurrenz. Wobei jede andere Frau zur Konkurrentin wird, die beste Freundin eingeschlossen, wenn es um den Traummann geht. Wir wollen besser aussehen und angezogen sein als die anderen Frauen im Raum. Typisch für diese Einstellung ist die wahre Geschichte zweier Damen, die sich nach dreißig Jahren zufällig treffen. Die eine sagt zur anderen: »Ich hätte dich doch tatsächlich nicht wiedererkannt, wenn du nicht das gleiche Kleid wie damals angehabt hättest!«

»Ja, ja, der weibliche Instinkt! Du wolltest dein neues Kleid zeigen. Männern den Kopf verdrehen. Meine Seele quälen!«

»So 'n Quatsch, ich kannte dich doch noch gar nicht.«

Außerdem gingen die Probleme jetzt erst los, denn es folgte der Super-GAU: Meine Begleitung kam fünfzig Minuten zu spät, da er in seinem Hotel vor einem unlösbaren Problem gestanden hatte. Es war ihm nicht möglich gewesen, einen Knopf an seinem Smoking anzunähen. Männer ... zwei linke Hände! Am liebsten hätte er den Knopf wahrscheinlich angenagelt.

Völlig abgehetzt erreichten wir das *Vier Jahreszeiten*, wo wir mit ein paar Bekannten verabredet waren.

In der ganzen Aufregung hatte ich meinen schönen warmen Mantel im Hotel gelassen und nur eine schwarze Lederjacke mitgenommen, und das bei minus sieben Grad.

Als ich in die Runde fragte, ob ich auch so zu der Verleihung gehen könne, kommentierte Sky in leicht sarkastischem Ton:

»Die Kleidung interessiert bei dir doch keinen!« und musterte mich von oben bis unten.

Was war denn das für eine Machobemerkung? Bis zu diesem Zeitpunkt hatte ich immer gedacht, Sky du Mont wäre ein Gentleman, da hatte ich mich wohl gründlich getäuscht!

»Du sahst einfach hinreißend aus! Und nie würde ich solche schmutzigen Gedanken haben.«

»Klar, und die Erde ist eine Scheibe! Nach einem Drink machten wir uns alle zu Fuß auf den Weg zu der Veranstaltung. Sky ging verdächtig nahe bei mir und plauderte angeregt, um nicht zu sagen: Er laberte mich zu.«

»Es waren 40 Grad minus! Und ich wollte ein bisschen die Kälte von dir weghalten. Außerdem habe ich nur höfliche Konversation gepflegt. So viel zu deiner abfälligen Bemerkung, ich wäre kein Gentleman.«

Nach vielen Fotos und Interviews saß ich dann endlich in der ersten Reihe neben meiner Begleitung und genoss den Abend. Na ja, ich muss schon zugeben, dass ich mich ein paarmal umdrehte, um zu sehen, wo Sky wohl saß. Wir hatten uns ja doch ganz gut verstanden.

Zwei Stunden später war dann der offizielle Teil gelaufen, und alle versammelten sich zum Essen in den oberen Räumen. Und wer stand schon wieder wie zufällig neben mir und reichte mir einen Teller mit kleinen Köstlichkeiten? Natürlich der Herr du Mont! Wir quatschten bestimmt zwei Stunden lang ohne Punkt und Komma. Irgendwann stellte ich ihm dann die Frage, ob er ein Autogramm dabeihätte, für meine Mutter, die würde ihn ganz gut finden. Dazu muss man wissen, dass Sky nie Autogramme bei sich hat. Er versprach, eines per Post zu schicken, und fragte dann ganz nebenbei, ob ich vielleicht auch meine

Aufeinandertreffen

Die Frau rät:

Seien Sie fair!

Legen Sie die ersten Worte, die ein interessanter Mann an Sie richtet, nicht gleich auf die Goldwaage. Wenn sich seine Hormone ein wenig beruhigt haben, ist das eine oder andere männliche Wesen manchmal durchaus in der Lage, ein paar zusammenhängende und oft sogar verständliche Sätze zu bilden.

Telefonnummer auf den Zettel mit der Anschrift meiner Mutter schreiben könnte.

»Naja, du hattest erwähnt, dass du in wenigen Tagen Geburtstag hättest, und ich wollte nur freundlich sein und dich vielleicht anrufen.«

»Klar, abschleppen wolltest du mich! Typisch triebgesteuert!«

»So ein Blödsinn. Wenn ich das vorgehabt hätte, hätte ich ja deine Telefonnummer nicht gebraucht, sondern nur dein Hotel und die Zimmernummer.«

(Kurze Pause.)

»Hat man mir das denn angesehen?«

»Na klar! Ihr Männer seid doch alle gleich!«

Trotzdem schrieb ich ihm auf den Adresszettel für das Autogramm auch meine Handynummer. Man kann ja nie wissen!

Dann geschah es. Er fragte mich, den wievielten Geburtstag ich denn feiern würde. Aber als ich »dreiundzwanzig« antwortete, war es, als würde plötzlich im Saal das Licht ausgehen. Sky erstarrte, wurde blass, und ich spürte, dass etwas Fürchterliches geschehen war. Er strich mir kurz über den Unterarm und verließ ohne ein weiteres Wort die Veranstaltung.

28

Da stand ich nun mit meinem Bekannten und seinen Freunden und war äußerst irritiert und ein wenig traurig. So gut hatte ich mich selten mit einem Mann unterhalten.

»Ach, selten, ja? Mit wem denn noch?«

»Kennst du nicht! War ein klasse Typ.«

»Na toll. Erzähl weiter, bin gespannt, ob dieser klasse Typ noch mal auftaucht! War wahrscheinlich 'n Schiffsschaukelbremser!«

Pff. Unsere Truppe ging dann noch bis in die Morgenstunden im P1 tanzen, und gegen fünf lag ich schließlich in meinem Bett und träumte von dem schönen Abend und einem sehr netten grauhaarigen Mann. Ob ich ihn wohl jemals wiedersehen würde?

Die Antwort folgte um acht Uhr morgens. Mein Handy klingelte, und ich erschrak fast zu Tode. Wahrscheinlich meine neugierige Mutter, dachte ich und antwortete mit einem wenig einladenden: »Ja.« Und was soll ich sagen? Es war nicht meine Mutter, es war eine mir bereits vertraute Stimme, es war Sky! Wir telefonierten fast eine Stunde miteinander. Es war der Beginn einer ganz großen Liebe!

Der Mann rät:

Nummer gewünscht?

Keine falsche Scheu: Fragen Sie sie ruhig nach ihrer Telefonnummer, Sie haben nichts zu verlieren. Wenn Sie ihr nicht gefallen, gibt sie Ihnen eh die falsche Nummer, dann können Sie sich eine »heiße Nummer« in absehbarer Zukunft abschminken.

DA HILFT NUR GOTTVERTRAUEN: ZUSAMMENWACHSEN

MIRJA ZIEHT EIN

Wer wissen will, ob es wirklich klappt mit dem Leben zu zweit, der muss sich einem Härtetest stellen. Es ist *der* Härtetest schlechthin – der Umzug in eine gemeinsame Wohnung.

Abgesehen davon bietet der Einzug selbst die perfekte Gelegenheit, in einigen wichtigen Fragen gleich mal Klarheit zu schaffen. Jetzt gilt es, ein paar Pflöcke einzuschlagen, um die man sich später nicht mehr streiten muss. Die Voraussetzung ist allerdings, dass man die Regeln beherrscht und sich nicht scheut, mit einigen liebevollen Tricks für die richtige Entwicklung zu sorgen.

Wie war das nun damals, als wir beschlossen, dieselbe Wohnung miteinander zu teilen? An einem verregneten Sonntag in München saßen Sky und ich auf dem Bett seines Schlafzimmers. Wir sahen uns diesen unendlich traurigen Film *Message in a Bottle* an. Und als ich durch meinen Tränenschleier zu Sky hochsah, bemerkte ich, dass auch ihm Tränen in den Augen standen.

Info

Zeit für den Härtetest

Nichts stählt mehr als muffelige Morgenstunden, der ständige Streit um die Fernbedienung oder Revierkämpfe im Badezimmer. Und nichts zeigt die Grenzen des Glücks deutlicher. Die erste gemeinsame Wohnung ist entweder eine wunderbare Bewährungsprobe oder der endgültige Beweis, dass es nicht klappt.

Damit war alles klar. So ging es nicht weiter! Ein Mann, der mit mir bei traurigen Filmen weinte, durfte auf keinen Fall länger ohne mich leben. An diesem Tag beschloss ich, das heißt: beschlossen wir (klingt besser, oder?), zusammenzuziehen.

Am späten Nachmittag saß ich im ICE zurück nach Hannover und ließ mir die Frage unseres zukünftigen Wohnortes durch den Kopf gehen. Ich wollte nicht nach München ziehen, schließlich hatte ich so tolle Freunde, mein Studium und einen gut bezahlten Nebenjob! Sky meinte zwar, er könne wegen seines Berufes nicht in Hannover wohnen; aber subjektiv war das Unsinn. Was brauchte er schon seinen Beruf? Wir hätten einfach von Luft und Liebe gelebt. Objektiv hatte er leider recht. Mir blieb also nichts anderes übrig, als erst einmal nach München zu ziehen. Doch schon damals war mir klar, dass dies nur eine vorübergehende Lösung war, denn meine Pläne für unsere gemeinsame Zukunft sahen eine andere Stadt vor!

Doch zunächst einmal hieß es: Augen zu und durch. Zuerst durch meinen Keller, der ziemlich genauso aussah wie der Kleider-

Info

Ordnung muss nicht sein

Viele Eltern versuchen früh, System in unsere »Ordnung« zu bringen. Das Resultat sind sinnlose Aufräumaktionen, flankiert von drakonischen Strafandrohungen, die Stunden später bereits buchstäblich verpufft sind. Merke: Unordnung stört nur die Person, die im Raum des Unordentlichen sowieso nichts verloren hat!

schrank oben in meiner Wohnung – groß,
dunkel und hoffnungslos durcheinander!
Ich hatte ziemlich lange nicht aus-
gemistet. Zugegeben, in dem Punkt
bin ich eher untypisch Frau: Die meisten Ladys sind ja vorbildlich im Ordnunghalten und Organisieren. Punkte,
in denen ich eher meine männliche
Seite zum Einsatz bringe.

Ich begann also, meine in langen Jahren
sorgsam gesammelten Objekte jeglicher Art aus
den Kisten links im Keller in die Abfallkisten rechts im Keller zu
sortieren. Meine Güte, was für Schätze kamen da zum Vorschein!
Mir fiel sogar ein altes Pausenbrot wieder in die Hände, das ich in
der vierten Klasse unter meinem Kinderzimmerschrank versteckt
hatte und das mit mir nach Hannover umgezogen war. Außerdem
Liebesbriefe aus der sechsten Klasse: »Willst du mit mir gehen?
☐ Ja ☐ Nein ☐ Vielleicht«; eine Haarsträhne meiner Freundin
Tanne, die ich ihr beim Frisörspielen vor zwanzig Jahren abge-
schnitten hatte, die Plastikverpackung meiner Vom-Winde-ver-
weht-Barbie und der gekaute Kaugummi meines Schulschwarms
Thorsten, der vier Klassen über mir gewesen war. Das alles flog in
die Müllkisten auf der rechten Kellerseite.

Und genau diese Kisten befanden sich etwa drei Wochen später in meinem Auto auf der Fahrt Richtung München.

Wenn mein kleiner VW Golf 1 jemals sechs Fenster besessen
hatte, war nach dem Beladen noch genau ein halbes zu sehen,
durch das ich beim Lenken nur schauen konnte, wenn ich
mein Kinn mit gestrecktem Hals auf Lulis Käfig ablegte. Luli
war meine süße schwarz-weiße Ratte, die Sky bei seiner ersten

Übernachtung in meiner Wohnung zur Begrüßung in den Koffer gepinkelt hatte. Die war natürlich auch dabei.

Oft ist der Umzug in die Wohnung des Liebsten viel mehr als ein Schritt, ich jedenfalls hatte das Gefühl, auf der Reise in eine ungewisse Zukunft zu sein. Was war das für eine Autofahrt von Hannover nach München! Mit einhundert Kilometern pro Stunde auf der Autobahn, begleitet von Schneeregen, Matsch und kilometerlangen Staus, in denen mir nette Mitmenschen einen Vogel zeigten, wenn sie mich zwischen all den Kisten, Koffern, Lampenschirmen und dem Rattenkäfig überhaupt entdeckten.

Endlich war ich da. Sky kam in die Tiefgarage und erblickte mein abenteuerlich überladenes Auto. Seinem Gesicht nach zu urteilen, wäre er am liebsten wieder umgekehrt. Meine Güte,

Die Frau warnt:

Risikofaktor Umzug

Eine Frau, die ihre eigene Wohnung aufgibt, riskiert einiges. Nicht nur, weil sie womöglich den Biorhythmus ihrer Ratte aus dem Gleichgewicht bringt oder ihr Pausenbrot aus der vierten Klasse verliert. Es geht um nichts weniger als die Alleinentscheidungsgewalt, in ihren vier Wänden zu tun und zu lassen, was immer sie will. Ein Mann im Haus, wie lammfromm er auch immer sein mag, bedeutet Diskussion und Kampf. Frau muss nach dem Umzug ständig ihren Einflussbereich sichern, will sie nicht untergebuttert werden. Die Aufgabe der eigenen Wohnung ist daher ein mutiger Schritt, den Männer in der Regel nicht zu würdigen wissen.

typisch Mann! Immer auf dicke Hose, und dann bei ein paar kleinen Kistchen schwächeln. Leider funktionierte ausgerechnet an diesem Tag der Fahrstuhl nicht, und so fing Sky mit einem leidenden Lächeln an, die Kisten zwei Stockwerke hoch in seine Wohnung zu schleppen.

Das ist der Moment! Jetzt heißt es aufpassen, meine Damen! Wenn Sie jetzt schlafen, dann lässt sich das nur ganz schwer reparieren. Ich hatte mir sorgfältig alles zurechtgelegt, und so war es wirklich gar nicht schwer, meinen Plan in die Tat umzusetzen, während Sky Kisten schleppte. Ich schnappte mir mein Kosmetiktäschchen (mein Vater hätte es wohl eher als Container bezeichnet, aber der ist eben auch ein Mann) und bezog den wichtigsten Raum in der Wohnung – das Badezimmer!

Die Frau warnt:

Gebietsverluste im Badezimmer

Eine der dramatischsten Veränderungen der Gegenwart (vergessen wir mal den Klimawandel) ist die Tatsache, dass Männer immer mehr Zeit und Platz in »unserem« Bad benötigen. Der echte Mann braucht höchstens ein kleines Waschbecken, auf dem Seife, Rasierer und Kamm Platz finden. Alles andere ist nur Schnickschnack und eines wahren Mannes unwürdig. Plötzlich haben Männer Sonderwünsche wie Zahnseide, Bürste, Feuchtigkeitscreme und Rasierwasser und fordern mehr Platz! Ich will keine Prophetin sein, aber das wird eines Tages zu schlimmen Konflikten führen.

Da hilft nur Gottvertrauen: Zusammenwachsen

Wofür Sky vielleicht zehn Jahre gebraucht hatte, hatte ich in einer Stunde erledigt: nämlich das komplette Bad mit meinen Sachen einzurichten, ohne dass auch nur ein Mikromillimeter frei geblieben wäre.

Meine Güte, dieser Mann besaß doch tatsächlich nur ein Deo auf der Ablage vor dem Badezimmerspiegel, da würde es ihm doch bestimmt nichts ausmachen, wenn ich es in den Putzmittel-schrank stellte, denn den Platz brauchte ich für meine siebzehn Parfumflakons, die ja schließlich einiges hermachten. An einem Haken an der Badezimmertür hing sein Bademantel, Frottee, blau und einfach nichtssagend. Der richtige Platz für meine ge-musterten goldenen und türkisfarbenen Seidenbademäntel. Sei-ner kam in den Kleiderschrank.

Nachdem ich dann noch meine duftenden pinken »Hello-Kitty«-Aufkleber an den langweilig weißen Fliesen befestigt hatte, war meine Mission Badezimmer erst einmal beendet.

Es gibt Situationen im Leben einer Frau, da muss man Priori-täten setzen. Der Einzug bei ihm ist eine solche. Nach dem Bade-zimmer ging es deshalb gleich ins Schlafzimmer. Denn dort steht eines der wichtigsten Möbelstücke, die man in einem neuen Zu-hause haben muss: der Kleiderschrank. Und mit »haben« meine ich vor allem: ganz haben.

Mal ehrlich: Wie naiv kann ein Mann sein? Sky hatte es ver-mutlich nett gemeint, als er mir eine Seite des Schranks frei-geräumt hatte. Aber nur eine Seite für mich? Da hätte ich ja gleich in eine Studenten-WG ziehen können. Es ist zweifellos typisch Mann, dass er mit einer lieb gemeinten Geste das Gegen-teil bewirkt. Der halbe Kleiderschrank? Nein, Wertschätzung zeigt sich auch darin, wie groß ein Mann zu denken fähig ist. Zum Beispiel in Sachen Raumnutzung durch seine Frau. Wer

36

in einer solchen Situation Kleinlichkeit und mangelnde Fantasie vorfindet, der sollte es sich ernsthaft überlegen. Und ich war drauf und dran, mich zu fragen, ob dieser Umzug eine gute Idee gewesen war. Der Nachmittag jedenfalls schien gelaufen! Na ja, zumindest bis zu dem Zeitpunkt, an dem ich einen großen Kleiderschrank im Keller entdeckte, der offensichtlich mit Skys Skiutensilien bestückt war. Da kam mir eine tolle Idee: Wenn sich hier schon ein paar Sachen von ihm befanden, warum dann nicht gleich alle? Das spart doch irre viel Zeit beim Suchen!

Auf dem Weg zurück in die Wohnung begegnete mir mein geliebter Schatz verschwitzt, zerzaust und mit einem mittlerweile müden Lächeln. Er hielt Kiste Nummer zwanzig in den Händen und flüsterte mir atemlos, aber zärtlich zu, ich solle mich doch wie zu Hause fühlen. Was für eine Bestätigung für meine Umräummaßnahmen! Denn in meinem ehemaligen Zuhause hätte ich es schließlich genauso gemacht.

Die Frau rät:

Heimatgefühle erzeugen

Schon der Umzugstag ist eine grandiose Gelegenheit, die Partnerschaft auf ihre Festigkeit und den Partner auf seine charakterlichen Qualitäten abzuklopfen. Ein Mann, der beim Umzug schlappmacht, der seine Frau nicht über die Schwelle trägt und ihr Haus und Hof zu Füßen legt, macht sich mehr als verdächtig.

Da hilft nur Gottvertrauen: Zusammenwachsen

Doch heute hatte mein Holder so viel zu schleppen gehabt, dass ich beschloss, den Rest auf morgen zu verlegen. Frisch geduscht und (fast) abgeschminkt warf ich mich aufs Bett. Endlich Zeit für den gemütlichen Teil. Ich blätterte ein wenig in einer Wohnzeitschrift und kam ins Grübeln. Schließlich erstand ich vor meinem geistigen Auge neue Vorhänge, hängte andere Bilder auf und überlegte, ob man nicht mal die Möbel umstellen könnte.

Meine Güte, wo blieb er bloß? Vor lauter Warten fielen mir die Augen zu. Als ich erwachte, war es schon Morgen, und Sky schnarchte neben mir gemütlich vor sich hin. Nichts wie ins Badezimmer, Schminke drauf und wieder ins Bett.

Als Sky die Augen öffnete, strahlte ich ihn an, und er war erstaunt, wie frisch ich nach dem Aufwachen aussah. Aber nein, was für ein Kompliment, das könne doch gar nicht sein, niemand sieht nach einer langen Nacht gleich in der Früh wieder gut aus! Befriedigt stellte ich fest, dass mein Plan aufgegangen war.

Meine Güte, wie wir uns freuten, dass nun unser gemeinsames Leben beginnen konnte! Nach einem ausgiebigen Frühstück im Bett unterbreitete ich meinem Süßen die Änderungsvorschläge für unsere gemeinsame Wohnung; ich schwärmte von neuen Vorhängen, Sofas, anderen Wandfarben, Betten und Tischen ... aber das ist eine andere Geschichte.

Ach ja, also ich finde, zusammenziehen kann doch so schön sein!

DER HEIRATSANTRAG

Dass Frau und Mann nicht wirklich zusammenpassen, liegt auf der Hand. Es muss also was dran sein an der alten Binsenweisheit, dass Gegensätze sich anziehen. Weshalb sonst probieren wir es immer und immer wieder, lassen uns aufeinander ein und teilen den größten Teil unserer Leben miteinander? Würden wir nicht alles für die Frauen hingeben? Tatsächlich tun wir es ja oft genug. Ein guter Mann legt seiner Frau alles zu Füßen, was ihr Herz begehrt. Männer schreiben solche Sätze. Und Frauen lesen sie gerne. Aber mal ehrlich: Würde eine Frau jemals behaupten: Eine gute Frau legt ihrem Mann alles zu Füßen, was sein Herz begehrt? Nie. Niemals! Das würde keine Frau schreiben. Und lesen würde sie es auch nicht gerne. Warum? Weil Frauen sich für ebenso kostbar halten, wie die Männer sie ansehen.

Der Mann erläutert:

Frauen sind wie Autos

Man könnte sagen: Frauen sind wie Autos. Sie unterscheiden sich zwar sehr, und dennoch sind Männer von beiden fasziniert! In der Tat haben Frauen und Autos einiges gemeinsam: Sich mit ihnen einzulassen, ist unvernünftig. Sein Leben an sie zu ketten, ist gefährlich. Und sie sind teuer. Ja, ich weiß, das wird manche Frau jetzt aufstöhnen lassen. Aber ich meine das gar nicht sexistisch. Man kann es auch als Kompliment sehen: Frauen sind teuer im Sinne von kostbar!

Da hilft nur Gottvertrauen: Zusammenwachsen

Nur umgekehrt funktioniert das zu unserem (der Männer) großen Leidwesen nicht. Männer und ihre Bedürfnisse sind eher schlicht. Ein bisschen grob geschnitzt. Und sicher nicht »kostbar«. Frauen durchblicken das früh. Männer selten bis nie. Vielleicht hängt es mit dem besonderen Gefühl für die richtigen Situationen, das richtige Timing, die richtigen Rituale zusammen. Man kann das oft feststellen bei Kleinigkeiten des Alltags. Sehr viel mehr jedoch in den entscheidenden Augenblicken einer Partnerschaft. Bei uns war das nicht anders. Wenn ich an unserem Hochzeitstag, am Geburtstag meiner Frau oder bei einer feierlichen Veranstaltung ... Aber nein, fangen wir lieber ganz vorne an: Da ich beruflich in Stuttgart zu tun hatte, mussten Mirja und ich eine Nacht dort im Hotel verbringen. Ich sollte hier erwähnen, dass Stuttgart nie zu Mirjas Traumorten gehörte, auch wenn sie es bis dahin gar nicht kannte. Alle Stuttgarter mögen das verzeihen – vermutlich haben wir die besonders schönen Flecken der Stadt einfach noch nicht entdeckt. Und die anderen, naja, die kennen die Stuttgarter ja ebenfalls ...

Ich ging zu meinem Termin und kam erst spät und ziemlich genervt ins Hotelzimmer zurück. Mirjas Abend schien auch nicht besonders gewesen zu sein, überall lagen Chipstüten rum und Schokoladenpapier. Die Minibar war gähnend leer. Dann machten wir uns bettfertig. Nach einiger Zeit (schweigen wir darüber, wie viel Zeit es wirklich war) kam Mirja abgeschminkt aus dem Bad. Sie trug ein T-Shirt und die viel zu großen Boxershorts von mir – und sie sah zum Anbeißen aus! Das tut sie natürlich immer. Aber gerade in diesem Moment tat mein Herz diesen berühmten Hüpfer, Hormone überschwemmten meine Blutbahn – und ich beging meinen ersten fatalen Fehler, als ich ihr sagte, wie wunderschön und sexy sie aussah.

Der Mann rät:

Komplimente gezielt einsetzen

Meine Herren, machen Sie nie einer abgeschminkten Frau ein Kompliment! Nie! Sie wird es Ihnen mit Sicherheit nicht glauben, im Gegenteil, sie wird vermuten, dass Sie sie belügen, da Sie eh nur das eine wollen. All Ihre Sensibilität, all Ihre wahren und tiefen Gefühle verpuffen geradezu, und Sie erreichen das genaue Gegenteil (von dem, was immer Sie erreichen wollten). Das glauben Sie nicht? Bitte, so ging der Abend weiter:

Das Licht war grell, das Zimmer hässlich, und eigentlich hatte ich schon längst verloren. Aber unsensibel, wie wir Männer nun manchmal sind, wagte ich den nächsten Schritt, um nicht zu sagen den mustergültigen Sprung ins Verderben, und sprach: »Liebling, willst du meine Frau werden?«

Mirja nahm den Antrag nicht wirklich zur Kenntnis und meinte nur lapidar: »Schlechtes Timing, Schatz!« Und das war's.

Ich gebe zu, zunächst war ich tief gekränkt, verletzt und dann verärgert. Aber nach zehn Minuten verstand ich, was Mirja eigentlich gemeint hatte: Ich hatte ein ungeschriebenes weibliches Gesetz schändlich gebrochen – es fehlte die Romantik! Denn auf einem weißen Pferd in einer silbernen Rüstung, in der einen Hand einen riesigen Blumenstrauß, in der anderen den funkelnden Brillantring haltend und gleichzeitig auf die Knie sinkend, so hätte ich in das Hotelzimmer reiten müssen. Noch heute frage ich mich, wie das in vollem Galopp, auf einem Pferd sitzend, möglich sein soll. Aber das ist unromantische Männerlogik.

Auf jeden Fall hätte ich dann mit meinem Antrag vielleicht eine Minichance gehabt.

Aber so? Wo doch nicht einmal ein Pferd zugegen war ... und all das in diesem Hotelzimmer! Eiche rustikal. In Stuttgart. Nicht einmal Brad Pitt hätte das hingekriegt!

Die Stuttgarter mögen es verzeihen, doch der Stadt fehlt einfach das Flair der Champs-Élysées.

Nachdem ich mich von dem Schock einigermaßen erholt hatte, begann ich mit der generalstabsmäßigen Planung meines nächsten, hoffentlich erfolgreichen Versuchs: Der Antrag, das war mir inzwischen klar, musste an einem attraktiven Ort und sollte nicht unter völligem Ausschluss der Öffentlichkeit stattfinden. Das Frauenherz begehrt in solchen Situationen ein klein wenig Publikum. Dieses soll mitkriegen, dass ein Mann vor ihr auf die Knie sinkt und symbolisch der Angebeteten sein Herz und ihre gemeinsame Zukunft zu Füßen legt. (Apropos Füße: Vielleicht hat der Drang nach immer neuen Schuhen mit dieser Sehnsucht zu tun?)

Ein kleines, romantisches Restaurant musste her, kein Problem, das war schnell gefunden. Es war ein bisschen versteckt, fein, aber nicht anstrengend etepetete, keine laute Musik, nur ein paar Tische, und die weit auseinander.

Nun zu den Accessoires: Blumen, Champagner, bestellte Musik und, nicht zu vergessen, das richtige Gesicht, während ich die bedeutenden Worte sprechen würde. Diesmal sollte nichts schiefgehen.

Nein, diesmal *würde* es nicht schiefgehen! Denn auch das steht fest: Heiratsanträge lassen sich nicht beliebig oft wiederholen. Eine zweite Chance bekommst du als Mann vielleicht. Ob du eine dritte bekommst, das ist die Frage.

Gesagt – getan: den Ring besorgt, den Tisch reserviert, die Blumen bestellt.

Ich ertappte mich während der Vorbereitungsphase übrigens dabei, dass ich Dackel und Cockerspaniel aufmerksam beobachtete. Denn genau diese Hunde besitzen das Ich-bin-dein-heirate-mich-Gesicht.

Der Mann rät:

Der erfolgreiche Antrag

Also, drei Dinge braucht der Mann:

1. Eine gute Location.
2. Ein bisschen Publikum (aber nicht zu viel; es könnte allzu peinlich werden, wenn man sich in der Bereitschaft der Angebeteten zur Bindung am Ende doch täuscht).
3. Etwas, um es ihr zu Füßen zu legen (idealerweise keine Schuhe; die hat sie im Zweifel an).

Da hilft nur Gottvertrauen: Zusammenwachsen

Der Mann rät:

Fügen Sie zwei Esslöffel Hollywood hinzu

Wenn Ihnen die Ideen für einen perfekten Antrag ausgehen oder überhaupt fehlen, ziehen Sie ein paar klassische Liebesfilme zu Rate. Hier sehen Sie alles, wovon Ihre Zukünftige seit der ersten Klasse träumt. Nur Mut! Was Sie vielleicht für kitschig halten, findet sie garantiert romantisch.

Doch plötzlich kamen mir Zweifel. Nein, nicht dass ich meine Auserwählte nicht über alles liebte, ich fürchtete vielmehr, dass ich bei meiner Planung etwas Entscheidendes vergessen hatte. Den nicht zu unterschätzenden Faktor der Überraschung. Frauen lieben Überraschungen. Natürlich nicht jede, sondern nur die positiven und die, mit denen sie ohnehin schon gerechnet haben. Jeder Mann wird jetzt denken: Aber dann ist es doch keine Überraschung mehr ... Doch das ist eben wieder typische, unsensible Männerlogik!

Also: Wie überreiche ich den Ring? Nur so vor sie auf den Tisch stellen? Praktisch, aber zu primitiv. Außerdem funktioniert so etwas nur, wenn der Ring mindestens fünf Karat hat. Also brauchte es eine andere Lösung. Den Ring in einen Eiswürfel einfrieren und diesen in ihren Drink schmuggeln? Keine gute Idee. Man stelle sich vor, dass der Eiswürfel schmilzt. Sie greift zum Glas und schüttet vor Aufregung den gesamten Inhalt in sich hinein. Einen Verlobungsring am nächsten Tag oder, genauer, bei der nächsten Verdauung suchen zu müssen, würde einer Katastrophe gleichkommen und der Ehe bereits vor dem Antrag den Todesstoß versetzen.

Ich entschloss mich, den Ring heimlich in ihre Handtasche zu schmuggeln und sie dann unter einem Vorwand dazu zu bringen, etwas in ihrer Tasche zu suchen. Ich gebe zu: nicht genial, aber die Fantasie des Mannes stirbt in solchen Situationen bereits bei der Planung den Erschöpfungstod.

Noch heute vermute ich, dass Mirja alles ahnte, um nicht zu sagen, voraussah und mich trotzdem an meiner an Lethargie grenzenden Fantasielosigkeit verzweifeln ließ. Frauen sind hellsichtig, dessen bin ich mir sicher. Daher war das Orakel von Delphi mit Sicherheit eine Frau. Wie auch immer: Ich habe mein Ziel erreicht, und sie hat tatsächlich Ja gesagt. Bis heute frage ich mich jedoch bisweilen, ob sie all das nicht schon längst geplant hatte?

IRREN IST MÄNNLICH

Spätestens seit wir Frauen den Film *Pretty Woman* gesehen haben, wissen wir, wie unser Traumprinz uns seinen Antrag machen sollte: mit Kniefall, Opernmusik und einem Ring mit einem Brillanten mindestens in Smarties-Größe! So stellte ich mir schon seit meiner Kindheit dieses besondere Ereignis vor.

»Warst du denn nicht schon erwachsen, als *Pretty Woman* im Kino lief?«

»Typisch Mann. Nur analysierend, Logik kommt vor Gefühl, Romantik nicht vorhanden. Hoffnungslos! Aber dein Brillant hatte ja nicht mal annähernd die Größe einer Walnuss!«

»Ich dachte, die Smarties-Größe wäre ausreichend gewesen?«

»Korinthenkacker! Repariere du lieber das Gartenhäuschen und lass mich von der tiefen seelischen Verletzung erzählen, die du mir angetan hast!«

Zurück zum Thema und zur wahren Version der Geschichte. Sky war zu einer Talkshow in Stuttgart eingeladen, und ich dachte mir, dass es ganz schön wäre, ihn zu begleiten. Ich war nämlich noch nie zuvor in Stuttgart gewesen. Als wir mit dem Flugzeug landeten, war von der Stadt nichts zu sehen, da starker Bodennebel herrschte.

Da fiel mir spontan ein bekannter Spruch ein, der besagt, dass Stuttgart an drei Meeren liegt! Morgens um neun ein Nebelmeer, abends um sechs ein Lichtermeer und nach neun Uhr abends gar nichts mehr. Na, das klang ja vielversprechend, also auf ins Hotel.

Unsere Herberge erwies sich weniger als stylisher Luxustempel, eher als ein Ableger des Gelsenkirchener Barocks. Jetzt wurde mir endgültig klar, dass dieser Abend wohl nicht sehr romantisch werden würde, zwischen all dem dunklen Holz, dem dunklen Teppich und der ganzen lähmenden Finsternis dieses Zimmers. Hatte es überhaupt ein Fenster? Nicht wirklich. Aber für frische Luft sorgte ja eine Klimaanlage, und zwar noch mitten im Winter und direkt über dem Bett. Toll!

Die Frau warnt:

Das geht gar nicht

Ein mieses Ambiente kann niemals Kulisse für eine Sternstunde des Lebens sein. Denken Sie an *Pretty Woman*, und lehnen Sie daher ein hässliches Hotel von vornherein ab. Dies gilt ganz besonders für die Zeit vor seinem Heiratsantrag!

Nachdem Sky zu seiner Talkshow aufgebrochen war, machte ich mich vor lauter Frust, alleine in dieser Endzeithöhle sitzen zu müssen, über den gesamten Vorrat der Minibar her. Zeitlich gesehen kein großer Aufwand mit zwei winzigen Schokoriegeln, einer Tüte Chips und ein paar Erdnüssen. Auch die Karte des Zimmerservices versprach keine kulinarischen Höhepunkte. Wäre ich doch nur zu Hause geblieben!

Ungefähr um Mitternacht kehrte mein Schatz heim, und ich war überglücklich, etwas zu sehen, was nicht braun, aus Holz oder in einer Tüte verpackt war.

Meine Güte, war er müde! Wir machten uns bettfertig, und kurze Zeit später knipste er das Licht aus! Was für ein toller Abend – lebendig begraben in einem Zimmer ohne Fluchtmöglichkeiten!

Doch dann geschah es. Der Mann meines Lebens stellte mir die Frage meines Lebens: »Hab ich Dir eigentlich schon gesagt, wie sehr ich dich liebe?«, säuselte er mir ins Ohr. Zugegeben, das hört man unter allen Umständen gern, und es war auch in jener Nacht in jenem Bett und in jener Stadt wunderschön. Doch das wohlige Gefühl, das mir Skys Stimme bescherte, verließ mich jählings, als mir schwante, wie es weitergehen würde. Und tatsächlich. Er holte Luft und sagte die Worte, die ich mir schon lange ersehnt hatte, die ich aber definitiv nicht unter diesen Umständen hören wollte: »Möchtest du meine Frau werden?«

Es war dunkel, aber noch heute könnte ich schwören, dass er bei dem Antrag die Augen geschlossen hatte und sich mit Müh und Not ein Gähnen verkniff.

Toll, Richard Gere hätte bei so einem Antrag nie gegähnt.

»Das war ein Film, das war in Los Angeles, und er hat dafür vermutlich zehn Millionen Dollar Gage bekommen! Da wäre ich auch wach!«

Hatte ich da richtig gehört? Das konnte doch nicht wahr sein! Meine Hand tastete nach dem Lichtschalter, was nicht so einfach war, denn in einer Gruft gibt es bekanntlich kein Licht. Nachdem ich mir den Kopf am Nachttisch gestoßen hatte, der Wecker zu Boden gefallen war und schrill zu läuten begann, fand ich endlich den dusseligen Schalter. Schockiert, verzweifelt und gekränkt rappelte ich mich hoch. Da lag er nun, meine große Liebe, und grinste wie ein Honigkuchenpferd. Er dachte wohl, er hätte den Coup des Jahrzehnts gelandet.

Das sollte der Heiratsantrag gewesen sein, auf den ich immer gewartet hatte? Romantik pur? Und wo war eigentlich mein Ring in der Größe eines Hubba-Bubba-Kaugummis? Und die Blumen? Und das Orchester, das *Moon River* spielte? Außerdem, wie sollte ich zu diesem Zeitpunkt all meine Freundinnen und meine Eltern anrufen, um zu berichten, dass er es endlich getan hatte? Er hatte mich gebeten, ihn zu heiraten, ja. Aber mir summten schon tausend Nachfragen im Kopf: »Toll, *wo* hat er dich gefragt, *wie* hat er dich gefragt und *wie viel* Karat hat der Ring? *Was* sollte ich denn darauf antworten?

Nein, er lag nicht auf den Knien, nein, er saß auch nicht auf einem Pferd, Ring gab's auch keinen. Mein Traummann lag in zerrissenem T-Shirt und Boxershorts mit Hoppelhasenmuster schläfrig neben mir und stellte die Jahrhundertfrage!

»Moment mal, die Shorts hattest du mir ausgesucht! Ich hab mich damals nicht getraut zu sagen, wie beknackt ich das Muster fand!«

»Das Muster sah niedlich aus. Aber nicht bei einem Heiratsantrag! Du hättest dir eine lange Hose anziehen müssen!«

»Im Bett?«

»Ich dachte, du hättest Stil. Sollte das alles nur Image sein?!«

Stuttgart. Winter. Nach einem verlorenen, todlangweiligen Tag. Im Bett mit einem hundemüden, verlotterten Mann in einer lächerlichen Unterhose. Das konnte doch nur ein Traum sein, und zwar ein Albtraum! Kein Mann mit Verstand und Niveau würde die Frau seines Herzens so behandeln. Sollte ich mich dermaßen in Sky getäuscht haben? Machte er Heiratsanträge, wie man eine Pizza beim Home Service bestellt? War ich so blind gewesen? Unverzeihlich!

Ich war zu geschockt, um mich aufzuregen oder in eine attraktive Ohnmacht zu fallen, machte das Licht wieder aus und presste nur noch ein: »Bad timing« hervor! Ich würde ihn bis morgen mit eisigem Schweigen strafen. Kein Wort würde ich mehr zu dieser Katastrophe sagen!

Das war auch gar nicht nötig, schon zwei Sekunden später begann er leise zu schnarchen. Ein Neandertaler! Sollte er doch in seiner blöden, ungemütlichen Steinzeithöhle versauern! Typisch Mann!

Die Frau rät:

Ihr Recht auf Romantik

Machen Sie unmissverständlich klar, dass sein Antrag nicht Ihren Vorstellungen entspricht. Er wird beim nächsten Mal definitiv besser planen. Bleiben Sie ab jetzt besonders aufmerksam, dann kennen Sie den Stand seiner Vorbereitungen und können rechtzeitig das passende Outfit einkaufen.

KRISENBEWÄL-TIGUNG: IM STURM DES LEBENS

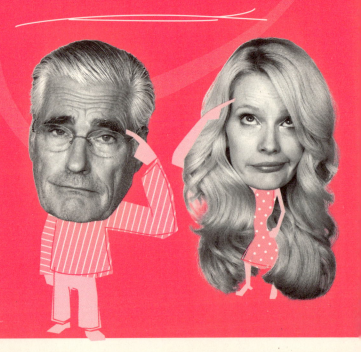

WAHRNEHMUNG

»Schaaaaatz?!«

Keine Antwort.

»Schaaaaaaaaaaaatz?!

»Hm?«

»Hase?«

»Ja.«

»Bist du gerade in der Küche?

»Nein. Warum?«

»Könntest du mir den Nussjoghurt nach oben bringen?«

Einige Sekunden Stille. »Ich bin aber nicht in der Küche.«

»Schaaaatz, bitte ...«

Ich wundere mich immer wieder, welches musikalische Talent Frauen entwickeln, wenn es um die Gestaltung von Vokalen geht. Ein normales, langgezogenes »a« vermag zu spontanem Sex einzuladen und kann Bruchteile von Sekunden später in eine Tonlage wechseln, die einem das Blut in den Adern gefrieren lässt. Zum Beispiel so:

»Schaaaaatz, bitte?« (Gemeint ist: Liebling, ich möchte etwas.)

»Schatz, bitttttttte!« (Gemeint ist: Nicht jetzt, verpiss dich! Oder wahlweise: Du bist mal wieder unendlich peinlich!)

Aber weiter in unserer Alltagssituation:

»Ich bin im Keller und repariere gerade die Fahrräder. Warum gehst *du* nicht?«

»Ooch, Schatz, ich gucke mir gerade eine wissenschaftliche Doku an ...«

Später stellt sich übrigens heraus, dass diese wissenschaftliche Doku *Bauer sucht Frau* hieß.

Krisenbewältigung: Im Sturm des Lebens

Übersetzungshilfe

Lange dunkle Vokale locken oder bitten: »Schaaaatz, büüüüte, kommst duuu maaaal?« Hinweis für Männer: Reagieren Sie sofort, alles ist möglich! Lange helle Vokale drücken Panik oder Abscheu aus: »IIIIh, eine Spinne, eeeeklig!« Hinweis für Männer: Reagieren Sie sofort, sonst wird die Panik der Frau übergangslos in Wut oder Verachtung umschlagen. (Hintergedanke: Was für ein Weichei habe ich mir da ausgesucht?)

»... außerdem habe ich soooo kalte Füße.«

Liebe Geschlechtsgenossen, bitte versuchen Sie nicht, dieser Logik auf den Grund zu gehen. Es wäre ein sinnloses Unterfangen.

»Büüüütte, Schatz.«

Das »i« verwandelt sich nun in ein lockendes, flehendes »ü«. Ein brummiges »Okay« ist zu hören.

»Danke, mein Hase, du bist soooo liiieb!«

Hören Sie, da waren sie schon wieder, diese lang gezogenen Vokale!

Minuten vergehen. Plötzlich ist ein verräterisches lautes Piepen zu hören. Ganz so, als hätte jemand die Kühlschranktür längere Zeit nicht geschlossen. Und genauso ist es: Der Thermostat schreit um Hilfe.

»Wo soll denn der Joghurt stehen?«

»Oben rechts, neben der Milch. Bringst du ihn mir nach oben? Die Doku ist sooooo spannend.«

Stille, nur durchbrochen von dem äußerst nervigen Piepen.

»Schatz?«

»Hier ist kein Joghurt. Und wo soll die Milch sein?«

»Schatz, bitte. Da stehen zwei Literflaschen Milch. Die kann man gar nicht übersehen!«

Der Ton wird rauer. Wieder Ruhe. Fast. Man hört nur das mittlerweile hysterische Piepen des Kühlschrankes.

»Verdammte Scheiße, hier ist kein Joghurt, und ich sehe auch keine Milch!«

»Schatz, bitte!«

Wir nähern uns dem Ton, der einem das Blut in den Adern gefrieren lässt. Er klingt ein bisschen, als würde ein Psychiater mit einem Irren sprechen.

»... mach deine Augen auf! Ich weiß doch, was in meinem Kühlschrank steht!«

»In *deinem* vielleicht, in meinem steht KEIN JOGHURT UND AUCH KEINE SCHEISSMILCH! Und jetzt gehe ich wieder in meinen Keller. Hol dir deinen nicht existierenden Joghurt selbst!«

Die Kühlschranktür knallt zu, und Grabesstille macht sich breit. Sex ist für diesen Abend schon mal gestorben. Wenn Mann Glück hat, spricht Frau noch mit ihm, wenn nicht, herrscht erst einmal Eiszeit – bis irgendwas repariert oder der Rasen gemäht werden muss.

Doch das Schicksal meint es an diesem Tage gut mit uns beiden. Die spannende Doku wird von einer Werbepause unterbrochen, und meine Frau geht etwas missmutig selbst in die Küche. Immerhin gibt es für sie die Aussicht auf eine Demütigung, die sie mir gleich verpassen wird. Sekunden später erscheint sie bei mir im Keller und hält mir ihren Nussjoghurt triumphierend unter die Nase.

Seit Jahren hege ich den Verdacht, dass Frauen irgendwo einen zweiten Kühlschrank verstecken, in dem sie die Dinge aufbewah-

Krisenbewältigung: Im Sturm des Lebens

ren, mit denen sie uns täglich beweisen können, dass Männer blind und blöde sind und ohne ihre Hilfe und Unterstützung nur dumpf dahindämmern würden.

Nun, es ist natürlich kein Geheimnis, dass wir Männer uns schwertun, Gegenstände zu erkennen, die nicht in unser Beuteschema passen. Will eine Frau ihren Mann an seinem Verstand zweifeln lassen, dann braucht sie zum Beispiel nur die Milchmarke zu wechseln, eine andere Verpackungsgröße oder Zubereitungsart einzukaufen. Schon einen Magerjoghurt vom selben Hersteller wie der Vollmilchjoghurt kann ein Mann praktisch nicht orten. Milch, die vorher blau verpackt war und jetzt weiß, nimmt er so gut wie gar nicht wahr. Für Margarine in einem viereckigen Plastiknapf ist ein Mann blind, wenn bisher immer eine runde Dose im Kühlschrank stand. Es ist ein Erbe unserer archaischen Vergangenheit als Jäger, dass wir nur das sehen, was wir kennen. Tiere, die irgendwie nicht ins Beuteschema passten, haben unsere Ahnen nicht erkannt und nicht gejagt. Und genauso geht es dem modernen Mann mit Joghurts und Milchtüten. Die verständnisvolle Frau sieht es ihrem Lebensgefährten deshalb nach, dass er rat- und hilflos vor dem Kühlschrank steht – und erlässt ihm die Suche nach unsichtbaren Objekten.

»Ich durchschaue natürlich, wenn mein Mann versucht, sich hier einen persönlichen Vorteil zu verschaffen, indem er niederschreibt und für die Ewigkeit festhält, woran er vielleicht sogar selber glaubt. Aber, mein lieber Sky, selbst wenn du recht haben solltest: Männer können sich ändern! Und die Tatsache, dass es viele Männer innerhalb von 10 000 Jahren nicht geschafft haben, bedeutet nicht, dass sie es nicht weiterhin versuchen sollten. Im Gegenteil, wir Frauen von heute haben eine Art heilige Pflicht, die Evolution wenigstens ein kleines Stück voranzubringen. Das sind wir allen Geschlechtsgenossinnen der nächsten Generationen schuldig. Also: Auf, auf, ihr Frauen, schickt eure Männer an die Kühlschränke und lasst euch von ihnen was bringen, denn Übung macht den Meister.«

»Pack ein Mammut in den Kühlschrank; ich verspreche dir, ob grün, blau oder rot, ich werde es mit wenig Mühe finden, allerdings nur, wenn es sich nicht hinter dem Nussjoghurt versteckt.«

MÄNNER SIND ELEFANTEN

Apropos Mammut. Niemand kann sich so treffsicher danebenbenehmen wie Männer. Als Tante Lolas Kater verstorben war (sie hat das Tier sehr geliebt und ihn sogar in einem großen Blumenkübel auf ihrem Balkon beigesetzt), da hat Sky – als wäre nichts gewesen – jovial am Telefon gefragt:

»Na, wie geht's uns denn heute, liebstes Tantchen? Gießt du immer schön deine Pflanzen? Man kann ja nie wissen, was daraus wächst!«

Am besten, Sie lassen Ihren Mann gar keine Anrufe mehr entgegennehmen. Männer liegen gerne falsch. Sie trampeln auf den Gefühlen anderer herum, als wär's ein Sport. Jemand liegt im Krankenhaus? – Männer bringen die neuesten Berichte der Ärztekammer über durch Nachlässigkeit verschuldete Todesfälle in Kliniken mit. Jemand wurde verlassen? – Männer laden denjenigen zu einem Boxkampf ein (»Ich habe noch zwei Karten.«). Beim Großvater wurde Diabetes diagnostiziert? – Männer schicken ihm zum Trost eine Packung Pralinen.

»Es waren Diabetiker-Pralinen, Mirja. Ich hätte doch niemals Zuckerpralinés verschickt ...«

Krisenbewältigung: Im Sturm des Lebens

»Trotzdem: Damit führt man dem Betroffenen doch auch noch vor Augen, worauf er in Zukunft verzichten muss!«

»Hätte ich ihm eine Wurst schicken sollen? Ich wollte zeigen, dass das Leben als Diabetiker zwar nur noch halb so viel wert ist, aber dass es Lichtblicke gibt. Auch ein Zuckerkranker darf ab und zu Pralinen essen. Zu viele würden ihn natürlich unter die Erde bringen, aber was soll's: Sterben müssen wir alle mal.«

Da haben Sie's: Männer sind die sprichwörtlichen Elefanten im Porzellanladen. Vermutlich liegt es daran, dass sie sich schwertun, über ihren kleinen Horizont hinauszudenken. Pralinen, Karten für einen Boxkampf oder Berichte über die nachlässige Ärzteschaft sind nun wirklich nicht ...

Info

Das männliche Gehirn

Etwa sechs bis acht Wochen nach der Empfängnis geht es um die Wurst: Die Konzentration männlicher Geschlechtshormone bestimmt das Geschlecht des Fötus. Aber jetzt werden nicht nur die primären Geschlechtsmerkmale gebildet, sondern auch Eigenschaften und Verhaltensweisen. Der Mann bekommt schon alles, was er eigentlich mal für die Jagd brauchte: ein besonderes räumliches Vorstellungsvermögen und die Fähigkeit, über weite Distanzen zu sehen. Mit diesen wunderbaren Talenten hat er heute auf der Autobahn auch noch alles im Griff, wenn er mit Tempo 180 nur zwanzig Zentimeter hinter dem Vordermann fährt, und kann sogar bei dichtem Nebel hübsche Blondinen am fernen Horizont erkennen.

»Also bitte, ich finde, das sind alles äußerst passende und geschmackvolle Mitbringsel.«

»Lassen wir das. Es führt ins Nirgendwo. Männer sind, wie sie sind. Die reinsten Elefanten.«

FRAUEN SIND ELEFANTEN

Ich sage es ja nicht gerne. Aber eigentlich sind Frauen die Elefanten. Sprechen Sie es nie aus, es könnte sehr falsch verstanden werden! Und doch: Wenn Sie erst ein tieferes Verständnis dafür entwickelt haben, wie sehr Frauen sich von ihrem Elefanten-Gen leiten lassen und wie sehr sie mitunter selbst darunter leiden, dann werden Sie in Zukunft manchen Fehler zu vermeiden wissen.

»Einspruch! Elefanten-Gen, das klingt diskriminierend!«

»Ach, und deine Ausführungen zum Porzellanladen, die waren nicht diskriminierend?«

»Natürlich nicht. Das war einfach nur eine Tatsachendarstellung. Die war vielleicht nicht ganz politisch korrekt, weil man zumindest für schwule Männer hier und da ein paar Ausnahmen von den Verallgemeinerungen hätte machen müssen, aber sie war nicht diskriminierend.«

»Ich würde sogar sagen, dass genau das diskriminierend war. Für alle Heteros. Wir werden in diesem Buch ja durchweg als Schwachköpfe dargestellt, die im Grunde zu dumm sind, sich allein durchs Leben zu bewegen, und ohne Frau an ihrer Seite eine Gefährdung für sich selbst, den Rest der Menschheit und den Planeten insgesamt darstellen. Sie erscheinen als dumm, faul und wichtigtuerisch ... Kein Einspruch?«

»Wer wird Tatsachen leugnen?«

Ähm, lassen wir das. Wir waren beim Elefanten-Gen der Frauen. So falsch die Behauptung ist, Männer seien Trampel, die in jeder Situation punktgenau danebenliegen und keine Peinlichkeit auslassen ...

»Sehr schön formuliert!«

... so richtig ist die Feststellung: Die schärfste Waffe einer Frau ist ihr Gedächtnis. Frauen haben ein Elefantengedächtnis, das für eine Beziehung fataler ist als eine Batterie Streubomben unter dem Bett.

Während ihr Kurzzeitgedächtnis eine Erwähnung kaum verdient (»In welches Fach habe ich bloß den Lippenstift getan?«) und das mittlere Erinnerungsvermögen praktisch fehlt (»Ich weiß genau, dass ich den Schmuck in diese Schublade getan habe« – »Aber Schatz, du hast ihn doch ins Schließfach gebracht.« – »Schließfach? Welches Schließfach?«), ist das Langzeitgedächtnis ausgeprägt, als müsste es ein Staatsarchiv ersetzen können. Tut es auch. Aber nur in Bezug auf die Sünden der Männer. Kein Mann, der einen Fehler gemacht hat, wird diesen Fehler jemals aus dem Gedächtnis seiner Frau löschen können. Wer einmal ein falsches Wort gesagt hat, der wird sich damit abfinden müssen, es für den Rest seines Lebens vorgehalten zu bekommen. Dummheiten, die Männer begehen, verjähren nicht. Niemals! Auch die kleinen nicht. Ja, oft sind es sogar die besonders kleinen, die man ständig vorgehalten bekommt. Die größeren heben sich die Damen für spezielle Anlässe auf:

»Schatz, wie hieß noch dieses kleine Hotel am Gardasee, das uns so gut gefallen hat?«

(Vorsicht!) »Gardasee?« (Oje. Und wenn es zehnmal der Lago Maggiore war, bestreiten Sie nie, dass Sie mit ihr am Gardasee waren!)

»Du wirst dich doch noch an den Gardasee erinnern!«

»Gardasee, klar. Und ob ich mich erinnere! Dieses hübsche Zimmer mit dem gut gefederten Bett ...« (Vorsicht!)

»Ich meine natürlich den Lago Maggiore. Wann warst du denn bitteschön am Gardasee? Und mit wem?«

(Autsch. Kleine Einschränkung zu oben: Nicht nur nicht bestreiten, sondern sich besser nie festlegen! Besser wäre folgender Verlauf gewesen:)

»Schatz, wie hieß noch dieses kleine Hotel am Gardasee, das uns so gut gefallen hat?«

(Vorsicht!) »Hm?« (Gut. So kann erst mal nichts passieren.)

»Du wirst dich doch noch an den Gardasee erinnern!«

»Gardasee. Am besten über die Autostrada bis Trient und dann rechts weg nach Riva. Und was wolltest du wissen?« (Sehr geschickt!)

»Riva? Ich dachte, das war Locarno.«

»Dann meinst du den Lago Maggiore.«

»Ach. War das da, wo du dich so peinlich benommen hast?«

Jetzt ist Schweigen angesagt. Wollen Sie etwa zugeben, dass Sie sich peinlich benommen haben? Oder gar behaupten, dass Sie es nicht getan haben? Im Prinzip sind solche Ereignisse nämlich bereits am nächsten Tag von der männlichen Festplatte gelöscht.

»Du hast mich am Auto stehen lassen und bist stundenlang nicht mehr zurückgekommen.«

»Schatz, die Polizei hat mich aufgehalten. Sie hatten mich mit einem Schwerverbrecher verwechselt.«

»Wundert mich nicht. Wer seine Frau stundenlang alleine herumstehen lässt ...«

Sie sehen schon, wenn es etwas gibt, was Sie verbrochen haben, dann werden Sie das Ihr Leben lang büßen. Entschuldigungen sind nicht vorgesehen. Auch keine vorzeitigen Begnadigungen. Gute Führung verhilft bestenfalls dazu, dass das Sündenregister etwas weniger oft heruntergebetet wird. Aber im Grunde sind Sie den dunklen Flecken Ihrer Vergangenheit als Mann lebenslänglich ausgeliefert, wenn Sie dieses Leben mit einer Frau teilen. Verantwortlich dafür ist das Elefanten-Gen. Ich glaube ja, dass Frauen gar nicht anders können. Und das soll uns darüber hinwegtrösten. Wenn Frauen uns Männern niemals vergeben können, dann wollen wir ihnen dafür verzeihen. Das zeichnet uns Männer als die mitfühlenderen, klügeren und letztlich edleren Geschöpfe aus.

»Sehr edel, wirklich. Und sehr klug.«

Info

Das weibliche Gehirn

Jeder Embryo ist zunächst weiblich, das heißt, nur wenn die männlichen Geschlechtshormone in der sechsten bis achten Woche ihr Unwesen treiben, wird dieses hoch entwickelte Programm gestört. Weibliche, also ursprünglich richtige Eigenschaften sind dazu da, ein Nest zu bauen und zu verteidigen. Es dient Frauen heute zur Auswahl der richtigen Handtasche und zum sicheren Orten unerfreulichen männlichen Verhaltens (auch wenn dieses schon länger zurückliegt).

DIE BESTE FREUNDIN

»Ich weiß gar nicht, was Männer immer haben ... die beste Freundin wird als Konkurrentin oder Störfaktor gesehen. Kann ich absolut nicht verstehen! Nur weil wir uns die intimsten Dinge erzählen? Oder weil ich mit ihr über Männer lästern kann?«

»Aber doch nicht in meiner Gegenwart und vor allem dann nicht, wenn es um mich geht!«

»Ihr Männer seid einfach zu unsensibel, um die wahren Bedürfnisse von uns Frauen zu erkennen.«

»Ach, und dazu gehört auch, sich im Sumpf der Gerüchte zu suhlen oder über die sexuellen Fähigkeiten oder akrobatischen Unfähigkeiten der Ex-Liebhaber herzuziehen?«

»Ja klar, was gibt's denn Schöneres?! Eine Freundin zu haben, ist halt das Beste auf der Welt. Männer kommen und gehen, aber eine Frauenfreundschaft bleibt für immer.«

»Bis die den eigenen Mann oder Freund anbaggert! Da kennt ihr keine Grenzen!«

»Brauchst ja nicht darauf einzugehen. Außerdem ...«

»... und was war damals, als bei deiner Freundin Gaby die rechte Brust aus ihrem viel zu knappen Top hüpfte?«

(Empört!) »Das ist jetzt wieder typisch Mann, versuchst mir meine beste Freundin mieszumachen!«

Ein gequältes Stöhnen füllt den Raum.

»Wird dir eh nicht gelingen. Wir kennen uns, seit wir im Kindergarten gemeinsam Jungs verprügelt haben. Also ehrlich gesagt, es ist doch wirklich schwer, wenn nicht unmöglich für einen Mann, da mitzuhalten!«

Ich fasse wieder Mut und versuche, in eine völlig sinnlose und sowieso vergebliche Diskussion über Mädchenfreundschaften

Krisenbewältigung: Im Sturm des Lebens

Der Mann rät:

Optimaler Umgang mit der besten Freundin

Stellen Sie sich gut mit der besten Freundin Ihrer Frau, und zwar aus zwei Gründen. 1. Sollten Sie ihr sympathisch sein, wird sie Hemmungen haben, ihr Wissen über intime Details gegen Sie zu verwenden.
2. Wenn Ihre Frau Sie jemals verlassen sollte, kennen Sie schon mal eine, die Sie anrufen können, wenn Sie Trost und/oder Sex brauchen.

---

einzusteigen. Völlig beseelt von der irrigen Hoffnung, bei meiner Frau einen Funken Selbsterkenntnis zu entzünden, lasse ich jegliche Vernunft fahren.

»Gaby ist supernett, und ich weiß, was sie dir bedeutet, aber musst du mit ihr nahezu alles teilen? All unsere Geheimnisse? Von meinen Blähungen über Haarausfall bis zum Zahnfleischbluten? Es kommt mir so vor, als läge sie nachts bei uns im Bett!«

(Immer noch empört.) »Das hättest du wohl gerne! Aber mach dir keine Hoffnungen, die steht auf eine andere Art Mann!«

Das saß! Was soll man da noch sagen?

Im Gegensatz zu meinem Mann würde eine Freundin mein Handeln niemals kritisieren! Ich will mir die schönste Handtasche der Welt kaufen. Warum nicht? Während bei Sky ein schwerer Fall von Schnappatmung ausbricht, pflichtet meine Freundin mir sofort bei. Sie sagt, es wäre in der Tat die tollste Tasche der Welt und sie würde mir so gut stehen! Und wenn ich sie nicht nähme, dann würde sie es tun ... na ja, aber um ehrlich zu sein, gönne ich das herrliche Stück dann doch eher mir! Denn unter uns: Schicker aussehen als ich soll sie nun auch wieder nicht.

Was Männer nicht verstehen, ist, dass meine Freundin und ich wie siamesische Zwillinge sind. Wir haben die gleichen Interessen – wie alle anderen Frauen auch: Tanzen, Shoppen, über männliche Schwächen und armselige weibliche Konkurrenz herziehen! Es ist einfach inspirierend, mit einer Freundin in einem Café zu sitzen und über andere zu lästern. Der neuste Tratsch, die Figurprobleme der anderen Frauen (vor allem, um von den eigenen abzulenken) und das schreckliche Benehmen der Männer zu Hause.

Zum Beispiel Fußball. Das ganze Wochenende glotzen Männer in den Fernseher, wo 22 Herren in kurzen Hosen und einer im Pyjama hinter einem Ball herlaufen und ihn nur selten und mit großer Mühe in dieses riesige Tor bekommen. Na klasse, und dann noch diese scheußlichen Fanartikel. Da gibt es dicke Männer mit Pauken und einem dusseligen Hut auf dem Kopf. Wisst ihr eigentlich, wie blöd ihr da ausseht? Nein, denn ihr Männer seid ja einfach gestrickte Lebewesen.

Allerdings, ich gestehe, auch uns kann Fußball ab und zu faszinieren. Meine Freundin und ich interessiert zum Beispiel, welche Spielerfrau auf der Tribüne sitzt und was sie anhat. Wer hat sich gerade mit wem in der Wolle oder wer sich von wem getrennt? Billig aussehen tun diese neureichen Schlampen sowieso! Wir verfolgen das alles nach dem Motto: Vorurteile sind mir völlig fremd.

Meine Freundin und ich verstehen uns auch ohne Worte. Was mein Mann mit mir tagelang ausdiskutieren und dann immer noch nicht verstehen würde, kapiert sie schon mittels eines Blickkontakts. Wenn eine von uns die rechte Augenbraue hebt, heißt das: Der Typ geht gar nicht. Bei der linken bedeutet es: Los, lass uns shoppen gehen. Und eine starre Miene steht für: Verrate mich bloß nicht!

Unser Lieblingsthema, das übrigens Männer mit ihrem besten Freund niemals diskutieren würden, ist Sex. Wie gut ist deiner im Bett? Hechelt oder jodelt er, wenn es so weit ist? Hat er den göttlichen Orgasmus (»Oh, Gott, ja, oh, Gott!«) oder den positiven (»Jaaaa, jaaaaa, jetzt!«)?

Wenn ich es mir recht überlege, sollten wir Frauen praktischerweise mit der besten Freundin verheiratet sein. Denn wir verstehen uns blind. Wir würden nächtelang Geschichten austauschen, gemeinsam in den Urlaub fahren und dort zwei Wochen ohne Pause shoppen gehen, flirten, lästern und uns schön machen ...

Aber zugegeben, er würde mir dann doch fehlen, so unvollkommen die Natur den Mann als solchen auch geschaffen hat, den Armen. Und außerdem: So ganz ohne Sex wär's auf die Dauer auch nicht das Wahre.

EINANDER ERKENNEN: SEX

Der Verlag wollte unbedingt ein Kapitel über Sex in diesem Buch. Männer und Frauen, das schreit doch förmlich nach einem Sex-Ratgeber, so unser Verleger (den ich im Verdacht habe, selber interessiert zu sein). Die Lektorin sprang ihm bei, ob aus Loyalität, aus Überzeugung oder weil sie ebenfalls auf Erhellendes hoffte, wollen wir dahingestellt sein lassen. Ich habe ihre Äußerung noch gut im Ohr: »Männer sprechen doch sowieso dauernd über Sex.« Nun, dies ist eine gute Gelegenheit, mit dieser Engstirnigkeit endlich aufzuräumen! Denn Männer sprechen keineswegs dauernd über Sex. Jedenfalls nicht die Männer, die ich kenne. Nicht mit anderen Männern. Und schon gar nicht mit Frauen, soweit ich das beurteilen kann. Es ist eines der großen Vorurteile von Frauen gegenüber Männern, dass diese sich vorzugsweise über Sex und Autos unterhalten. Denn auch das stimmt nicht. Über Fußball vielleicht. In aufsteigender Reihenfolge würde ich die Themenverteilung (Mann pro Gespräch unter Männern an einem durchschnittlichen Samstagabend) etwa so einschätzen:

Sex 0,4 %
Autos 5 %
Fußball 15 %

Wenn das stimmt, dann passt die Gesprächsquote jedenfalls nicht zu der tatsächlichen Bedeutung des Themas für Männer. Denn da würde ich eher schätzen, dass diese Aspekte auf der Wichtigkeitsskala von null bis zehn ziemlich genau so rangieren:

Fußball 10
Autos 10
Sex 20

Info

Sex-Gedanken

Laut einer Untersuchung denken Männer nicht häufiger an Sex als Frauen, sie werden nur vehementer daran erinnert. Kaum zu glauben: Schon ein paar harmlose Melonen in der Gemüseabteilung können spontan die männliche Lust auf Sex wecken, während nebenan eine Frau völlig ohne Hintergedanken zur Gurke greift.

Krisenbewältigung: Im Sturm des Lebens

Die wichtigsten Sex-Irrtümer über Männer

Ausgefallene Wünsche: Männer sind Gewohnheitstiere. Wenn etwas gut ist, wollen sie das immer wieder. Denken Sie bloß mal daran, wie Ihr Mann die Speisekarte liest: Er möchte sich doch in der Regel bloß vergewissern, dass alles noch so draufsteht, wie er es schätzt. Deshalb bleibt die heimliche Liebe des Mannes auch immer das Schnitzel. Das ist beim Sex nicht anders. Klar, mal ab und zu was Neues ausprobieren, das ist schon ganz nett. Aber letztlich wünschen sich Männer, dass schön bleibt, was schön ist und schon immer schön war. Das Schöne, Wahre und Gute wird für einen echten Mann nie langweilig.

Erogene Zonen: Sie kennen bestimmt die Karikatur, die die erogenen Zonen der Frau zeigt (ungefähr ein paar hundert am ganzen Körper) und im Vergleich dazu die des Mannes (exakt eine, natürlich in der Körpermitte). Das ist zwar lustig, aber natürlich völlig falsch. Auch Männer haben erogene Zonen, die sich über einen zärtlichen Besuch freuen. Ich kann hier nur im Interesse aller Männer die Frauen auffordern, mal zu erkunden, wo diese Körperregionen liegen! Die Entdeckungsreise könnte sich für beide lohnen.

Licht: Es stimmt: Männer, die ihre Frauen lieben, sehen sie auch gerne beim Sex. Frauen sollten das als Kompliment verstehen: Nur wenn er Sie nicht sexy findet, will er Sie nicht sehen!

Selbstbefriedigung: Das ist Sex mit jemandem, den man wirklich zutiefst liebt, dem man vertraut und der nie zickt.

Oralsex: Wer hat eigentlich das Märchen in die Welt gesetzt, alle Männer stünden auf Oralsex, am besten ständig? Es stimmt natürlich. Aber es klingt irgendwie ein bisschen schmutzig ...

Info

Problemzonen: Anders als Frauen denken, sehen Männer die vermeintlichen Problemzonen ihrer Frauen nicht: »Mein Busen ist zu groß.« – Na und, ist doch super! »Mein Busen ist zu klein.« – Egal, leg dich einfach auf den Bauch! »Meine Hüften sind zu breit.« – Das sieht scharf aus! »Ich habe diese blöden Schwangerschaftsstreifen, diese hässliche Cellulitis.« – Ist mir nie aufgefallen. Und außerdem: Cellulitis, was ist das überhaupt?

Tatsache: Männer sehen, wenn sie dürfen, da hin, wo sie gerne hinsehen, und sind für alles andere blind. Die kluge Frau fühlt sich gut und gönnt ihm sein Vergnügen.

Allerdings gilt das nur in der einen Richtung. Denn auch Männer haben ja sogenannte Problemzonen. Und anders als Frauen denken, nehmen sie die durchaus wahr! Schmerbauch, Brustansatz, fehlendes Sixpack, das sind alles Aspekte, auf die Männer beim Sex nicht gerade stolz sind. Ein dicker Bauch verursacht Spiegeleier. Das bedeutet, man kann sie nur noch im Spiegel sehen, und das ist nun wirklich demütigend. Die kluge Frau tut so, als würde sie all das nicht wahrnehmen.

Socken: Männer tragen nicht bevorzugt Socken beim Sex. Sollte ein Mann dennoch ausnahmsweise mal die Socken anhaben, dann ist das höchstens ein Zeichen dafür, dass die Leidenschaft größer war als der Drang, vorher noch schnell die Socken auszuziehen.

Vorspiel: Männer schätzen das Vorspiel durchaus! Es darf nur nicht zu lange dauern und nicht zu kräftezehrend sein!

Doch zum Thema. Das Hauptproblem der Männer ist ein Wahrnehmungsproblem beim Sex: Sie meinen, weil sie gerade scharf sind, ist die Frau das auch. Kann vorkommen, stimmt aber eben nicht immer.

Männer können immer und überall, in jeder Stellung, zu jeder Tageszeit, mit oder ohne Publikum. Männer stellen einfach keinerlei Ansprüche an Sex (anders als an Fußball oder Autos). Diese Zack-Bumm-Mentalität verleidet es den Frauen nicht selten und führt meist zu weniger Sex statt zu mehr. Denn Frauen wollen nun einmal Qualität!

Sie möchten eine angenehme Stimmung, um sich fallen zu lassen, bevorzugen romantische Orte, angenehmes Licht, schöne Musik ...

Frauen möchten sich gerne frisch machen vorher, sich was Hübsches überstreifen, begehrenswert sein.

Männer fühlen sich auch noch attraktiv, wenn sie gerade vom Joggen kommen. Doch nur weil mal irgendeine seltsame Frau in einem merkwürdigen Interview gesagt hat, dass Schweiß sexy riecht, ist das noch lange nicht der Fall – vermutlich wurde die Arme sowieso vollkommen falsch zitiert.

»Es ist wieder eines dieser großen Missverständnisse der Frauen, dass Männer nicht auf romantischen Sex stehen. Im Gegenteil! Jeder Mann wird es genießen, wenn der Sex als Fest zelebriert wird. Das Problem dabei ist, dass Frauen immer so kompliziert sind. Einmal ist das Licht zu hell, dann wieder könnten die Kinder oder die Nachbarn was hören, und die Musik ist sowieso immer die falsche.«

»Du weißt doch, dass ich nicht auf AC/DC stehe.«

»Wobei AC/DC wenigstens das Problem mit den Kindern und Nachbarn erledigen würde.«

Info

Die wichtigsten Sex-Irrtümer über Frauen

Kuscheln: Altes Vorurteil: Frauen wollen dauernd kuscheln. Klar wollen Frauen kuscheln. Aber manchmal wollen sie einfach nur Sex – und nicht kuscheln. Denn auch für Frauen sind Sex und Kuscheln nicht identisch, auch wenn sie oft so tun.

Sexspielzeug: So was finden Frauen beim Sex zu zweit meistens nicht so prickelnd. Was Männer gerne als Fürsorge tarnen, ist doch oft bloß der Wunsch, ein bisschen mit Technik zu experimentieren, wo man eigentlich auch ohne Technik ganz gut auskommt.

Vorspiel: Ja, Frauen mögen gern ein Vorspiel. Leider befinden sich die meisten Männer im Irrtum, was darunter zu verstehen ist. Deshalb an dieser Stelle ein großer Befreiungsschlag für alle Frauen: Liebe Männer, Vorspiel heißt nicht, dass man stundenlang an einer Brust herumfingern muss, schon gar nicht mit einem Eiswürfel oder sonst etwas, was garantiert niemanden antörnt (am wenigsten eine Frau ohne Bewusstseinsstörungen). Es heißt auch nicht, dass man seiner Partnerin die Fußsohlen lecken oder jede ungeliebte Körperfalte mit den Fingerspitzen nachfahren muss. Auch Milchprodukte auf dem Körper kommen nicht so gut. Vor allem, wenn die Sahne nicht geschlagen ist, sondern noch flüssig und direkt aus dem Kühlschrank kommt.

Noch ein Tipp: Manche Männer stehen auf Fesselspiele (beispielsweise Handschellen). Wenn Sie sich mal einen geruhsamen Tag machen wollen (ohne Ihren Göttergatten), lassen Sie die Dinger zuschnappen und verlieren einfach mal die Schlüssel. Sie können immer behaupten, Ihr Jüngster hätte sie verschluckt.

... GIBT'S DER HERR IM SCHLAF

»Mit dem Schlafen haben Frauen ein grundsätzliches Problem. Es gibt aber auch Ausnahmen, und ich möchte an dieser Stelle meiner Frau mal ein großes Kompliment aussprechen: Mirja, du schläfst wie ein Stein!«

»Das soll ein Kompliment sein?«

Klar! Frauen können normalerweise nicht abschalten. Ständig denken sie noch an dies und das und kommen nicht zur Ruhe. Man liegt im Bett und möchte schlafen, schließlich war der Tag lang und hart, aber dann kommen – gerade wenn man schon startklar ist – so Sachen wie: »Hast du die Haustür zugesperrt?« oder »Ich glaube, da tropft irgendwo ein Wasserhahn.« Vermutlich tropft er bei den Nachbarn. Denn man kann dann stundenlang durchs Haus tigern und sämtliche Wasserleitungen rauf und runter prüfen und wird doch stets ins Bett zurückkehren mit der Erkenntnis: »Alles dicht – und jetzt wird geschlafen.«

Wird aber nicht. Denn dann kommt dieses Gespräch:

»Ich mache mir Sorgen.«

»Wieso machst du dir Sorgen?«

»Sollen wir die Kleine wirklich impfen lassen?«

»Doktor Müller hat es empfohlen, Schatz.«

»Schon. Aber ich habe mal im Internet nachgeschaut. Die sagen, der Impfstoff ist noch ganz neu, und in den USA ...«

»Können wir das morgen besprechen, Schatz?«

»Hm.«

Zwei Sekunden später, der Mann ist gerade in Tiefschlaf gefallen.

»Aber du musst morgen früh bei Doktor Müller anrufen, ja?«

(Mann schreckt hoch.) »Äh, was ist? Warum soll ich bei Doktor Müller anrufen?«

»Um ihn wegen der Impfung zu fragen.«

»Schatz, wir wissen doch, was er denkt.«

»Ich will trotzdem, dass du noch mal bei ihm anrufst und fragst ...«

»Okay. Aber jetzt lass uns schlafen.«

»Das sagst du jetzt nur, weil du schlafen willst.«

(Ganz fieser Satz! Und immer wieder gern benutzt.) »Ist da was Schlechtes dran?«

»Du nimmst mich nicht ernst.«

(Noch fieserer Satz. Fällt besonders gern im Bett.) »Doch, Schatz, ich nehm dich ernst. Aber jetzt lass uns schlafen. Das sind wir unseren Kindern schuldig. Die brauchen schließlich ausgeschlafene Eltern.« (Gott sei Dank hat uns der liebe Gott *diesen* Satz geschenkt!)

Daraufhin kehrt tatsächlich manchmal Ruhe ein. Manchmal. Aber oft nützt es jetzt nichts mehr. Die Frau hat ihre Liste abgearbeitet, der Mann hat sich den Schlaf rauben lassen. Denn es ist nun einmal so: Probleme wälzen und Sprechen im Bett sind Gift für den Schlaf. Männer legen sich hin, schalten das Gehirn aus und schlafen. Frauen tickern und tickern ewig vor sich hin und kommen erst dann irgendwann zur Ruhe. Wenn sie das Tickern auf uns übertragen, dann ist es mit dem Abschalten vorbei. Denn wenn die Kiste erst mal wieder läuft, dann läuft sie. Vorbei ist es mit der Entspannung. Stattdessen die Fragen: Habe ich das Auto in die Garage gestellt? Habe ich ein gebügeltes Hemd für das Meeting morgen? Wieso haben wir jetzt eigentlich nicht ein bisschen netten Sex?«

Krisenbewältigung: Im Sturm des Lebens

Männer können in jeder Situation schlafen. Sie sitzen im Sessel und nicken weg. Sie liegen auf dem Sofa – und schwupps, geht's dahin. Männer sind die reinsten Schlaftiere. Das ist nicht nur nervig, weil sie meistens schlafen, wenn sie es nicht sollten; zum Beispiel wenn man mal den Tag mit ihnen besprechen möchte oder es noch was Wichtiges zu tun gibt, wie Geschenke für Weihnachten einpacken oder die Steuererklärung machen. Es ist oft einfach peinlich. Männer schlafen nämlich immer wieder auch in der Öffentlichkeit ein. Geben Sie einem Mann einen Sitzplatz im Zug, im Kino oder im Theater: Er wird einschlafen. Und wenn er dabei nicht schnarcht, dann haben Sie noch Glück gehabt!

Um es ein für alle Mal klar und deutlich zu sagen: Männer schnarchen nicht. Sie schnarchen nicht im Flugzeug, nicht im Zug, nicht im Kino oder Theater. Und schon gar nicht im Bett. Auch wenn Frauen nicht müde werden, genau dies immer und immer geradezu gebetsmühlenartig zu wiederholen. Der Satz »Du hast geschnarcht« ist jedesmal die Standardentschuldigung,

Info

Schlaf oder Nichtschlaf

Frauen brauchen etwas mehr Schlaf als Männer, leiden aber häufiger unter Schlafstörungen, weil sie oft nicht abschalten können (siehe oben). Laut einer Umfrage sagen nur 41 Prozent der Frauen, Schlaf sei Frieden, dem stimmen noch weniger Männer zu, nämlich 33 Prozent. Vermutlich, weil gerade nachts der Geschlechterkampf oft voll entbrennt. Vier Prozent der Menschen finden schlafen übrigens langweilig.

wenn sie uns aus purem Sadismus die Bettdecke wegziehen oder den Ellbogen in die Seite rammen. Vermutlich ist es nur eine Art von bösartigem Streich, der uns Männern alle Energie rauben soll: Weck ihn regelmäßig, dann bleibt er schön müde und muckt nicht auf. Dabei sind schlafende Männer die Unschuld in Person. Außerdem sind sie zweifellos ein ästhetischer Genuss (obwohl das zugegebenermaßen eher eine Vermutung von mir ist, denn beim Schlafen habe ich mir noch nicht sehr oft zugesehen).

Frauen denken ja immer, sie sehen im Schlaf nicht gut aus. Gucken Sie bloß nicht hin, wenn sie die Augen aufschlägt. Nur wenige Sätze faucht sie giftiger als »Hast du mich etwa beim Schlafen beobachtet?«

Sie könnte es zwar auch als Kompliment betrachten, dass man seinen liebevollen Blick auf ihr hat ruhen lassen. Doch nein, sie denkt, man hat sich über sie lustig gemacht. Sie glaubt, sie habe doof ausgesehen. Hat sie vielleicht auch. Was Frauen aber nie berücksichtigen, ist die große Zuneigung, die ein Mann empfinden kann, wenn sie mal ruhig ist, mal nicht nörgelt oder streitet, wenn sie einfach mal nichts von ihrem Mann will, sondern nur so daliegt und harmlos schlummert. Das ist in vielfältiger Weise ein Bild des Friedens, wie Männer es sich nicht schöner wünschen könnten. Und wenn sie dabei selber schnarcht, wen kümmert's? Ich würde meine Frau NIE wecken, nur weil sie schnarcht.

»Schon weil ich nicht schnarche.«

Frauen schnarchen grundsätzlich nicht. Ich glaube, sie können gar nicht schnarchen. Sie schlafen stets friedlich wie Babys. Vorausgesetzt, der Mann lässt sie schlafen. Was ja leider oft nicht der Fall ist. Denn es sind die Männer, die schnarchen! Ein Wunder, dass sie sich nicht dauernd selbst wecken.

Krisenbewältigung: Im Sturm des Lebens

Man wünschte manchmal, Männer wären tagsüber so »gesprächig« wie nachts. Wobei ja tagsüber oft auch nicht sehr viel Sinnvolleres herauskommt als nachts beim Schnarchen. Möglicherweise sprechen sie ja im Schlaf, und wir Frauen halten es bloß für Schnarchen. Es klingt aber auch sehr ähnlich. Vor allem, wenn man die Reaktionen berücksichtigt, die man bei Männern tagsüber beobachten kann. Zum Beispiel, wenn man Fragen an sie richtet wie:

»Sky, trägst du bitte mal den Müll raus?«

»Kannst du eben die Kleine wickeln, ich habe gerade zu tun?«

»Wirst du heute wohl vor Mitternacht nach Hause kommen, oder soll ich dein Abendessen gleich einfrieren?«

Info

Schnarchen

Wer hätte das gedacht: Ein kleiner rosafarbener Hautlappen ist der Übeltäter! Er hängt am Ende des Zäpfchens im Rachen, und wenn er zu schlapp ist, flattert er geräuschvoll in der Atemluft. Jeder vierte Mann unter 60 schnarcht, bei älteren sind es zwei von drei. Liebe Geschlechtsgenossinnen, sollten Sie mal wieder Mordgelüste verspüren, fahren Sie nach Alfeld in der Nähe von Hildesheim. Hier gibt es ein Museum mit allerlei Foltertipps gegen das Schnarchen. Versuchen Sie es doch mal mit einem Riemen um das Kinn, damit der Mund Ihres Holden fest geschlossen bleibt. Oder nähen Sie einfach eine Kanonenkugel im Pyjama ein, damit er sich nicht auf den Rücken drehen kann. Das hat bei Soldaten früher auch prima geholfen.

Zur Antwort bekommt man meist eine Mischung zwischen Brummen und Grunzen. Also ist rein sprachlich der Unterschied zwischen Schnarchen und Antworten beim Mann zu vernachlässigen.

Eine liebe Freundin von mir tröstet sich übrigens mit der Feststellung: »Mach dir nichts draus. Wenn er schnarcht, weißt du wenigstens, dass er in deinem Bett liegt – und dass du noch nicht Witwe bist.« Für alle, die sich mit so wenig nicht zufriedengeben wollen, gibt es gegenüber ein paar Tipps, wie sie ihn »zur Ruhe« kriegen.

»Wie kannst du nur behaupten, dass ich schnarche!«

»Schnarchen ist gar kein Ausdruck. Zehn Sekunden nachdem wir das Licht ausgemacht haben, beginnst du mit einem leisen Gurgeln, was so viel heißt wie: Ich schlafe!«

»Meine Güte, nach einem harten Tag bin ich eben müde ...«

»Aber musst du das akustisch mitteilen? Und wenn es denn beim leisen Gurgeln bliebe. Wenige Momente später entsteht ein Crescendo an Urlauten: Man hört Flattern, Sägen, Pfeifen, begleitet von einem leichten Zischen während des Ausatmens!

Außerdem habe ich schon seit Längerem den Verdacht, dass du nur darauf lauerst, dass ich einschlafe, um dann mit deinem Schnarchen loszulegen!«

»Du nennst das Schnarchen. Aber ich finde, ich atme nur etwas intensiv.«

(Mirjas Stimme wird härter.)

»Nein, mit Sicherheit hat das, was du da von dir gibst, nichts, aber auch gar nichts mit Atmen zu tun. Es handelt sich vielmehr um eine perfide Abart von seelischer Grausamkeit. Dies sind Momente, in denen bei mir eine abgrundtiefe, seit Langem verschüttete Mordlust erwacht. Um es deutlich zu sagen: Ich würde dich in solchen Nächten am liebsten erschlagen und im Gemüsebeet hinterm Haus verscharren. Ich weiß nur noch nicht, wie ich deine einhundert Kilo die Treppe runterkriege ... außerdem ist leider unsere Schaufel zu klein.«

»Das Schnarchen des Mannes hat seinen Ursprung in der Steinzeit.«

»Hm?«

»Ja. Die Familien lebten in Höhlen, und Türen gab es nicht. Aus diesem Grund legte sich der sorgenvolle Mann vor den Eingang und bewachte seine Familie vor den Gefahren, die da kommen könnten.«

»Und was hat das mit dem Schnarchen zu tun?«

»Nun, wenn dann der Mann nach der Jagd vor lauter Erschöpfung einschlief, erzeugte er trotzdem Geräusche, die gefährliche Tiere abschrecken sollten, denn diese dachten wegen der bedrohlichen Töne, da sei ein noch gefährlicheres Tier, und gingen wieder weg. So entstand das Schnarchen! Das ist wahres Pflichtbewusstsein, ein urmännlicher Instinkt!«

»Schaaaaatz?«

Da sind sie wieder, diese lang gezogenen Vokale, aber dieses Mal bedeuten sie nichts Gutes.

»Schaaaaatz? Wir wohnen in keiner Höhle, sondern in einer Wohnung, wir haben eine Alarmanlage, und das einzige wilde Tier, das vor unserem Schlafzimmer herumstreicht, ist der Chinesische Zwerghamster unserer Tochter.«

»Was kann ich dafür, dass in mir noch die Urinstinkte meiner Ahnen lebendig sind?«

Dieses Gespräch war seelisch derartig belastend für mich, dass ich auf der Stelle in einen tiefen Schlaf fiel und, ja, so war es wohl, leise zu gurgeln begann.

KINDER – GLÜCK MIT HAKEN

Wer keine Kinder hat und auch nicht die Absicht hegt, sich irgendwann welche zuzulegen, der sollte die folgenden Seiten überspringen. Es gibt nämlich für Kinderlose nichts Nervigeres als das endlose Kinder-hier-Kinder-da-Geschwätz von Eltern. Wir wissen, wovon wir reden, denn wir hatten auch mal keine Kinder. Vor allem aber: Jetzt haben wir welche. Und was für welche! Um eines von vornherein klarzustellen: Unsere Kinder sind die besten Kinder aller Zeiten. Sie sind alles, was wir uns je gewünscht haben. Wenn man mal von den kleinen Unzulänglichkeiten absieht, die einen tagtäglich zur Weißglut bringen oder gleich an der Welt verzweifeln lassen können. Aber beginnen wir von vorne – und das heißt beim Kinderwunsch!

In den meisten Fällen ist der Kinderwunsch ein beidseitiger: Frauen wünschen sich ein Kind sowohl mit ihrer schwachen als auch mit ihrer starken Seite. Männer machen meistens nur mit, vermutlich aus Bequemlichkeit. Es hat einfach eine Reihe unbestreitbarer Vorteile, wenn ein Kind im Haus ist: Erstens nörgelt die Frau nicht, weil sie ein Kind will, zweitens nörgelt sie in absehbarer Zeit auch an dem Kind herum und damit weniger an ihrem Mann. Auf dessen Nörgelquotienten wirken sich Kinder deshalb meist sehr positiv aus.

Voraussetzung dafür ist, dass der Mann sich zurückhält bei der Kindererziehung. Denn je mehr er macht, umso mehr Fehler macht er (wie ja leider in allen Belangen des Zusammenlebens). Mit anderen Worten, je engagierter der Mann, umso schwerer hat er es. Glauben Sie mir, ich weiß, wovon ich spreche.

Sky ist ja wirklich ein supersüßer Papa. Er bringt unsere Tochter zur Schule, füttert unseren Sohn, kommt mit zum Kinderarzt

Krisenbewältigung: Im Sturm des Lebens

und ist auch im Windelwechseln ein echtes As. Ich kann nur allen Frauen raten: Lassen Sie es nicht so weit kommen!

Ihr Mann weiß ja sowieso schon immer alles besser, wenn es um die typischen Zeitungskategorien geht: Politik, Wirtschaft, Sport, Kultur. Wenn auch noch die Kindererziehung dazukommt, dann birgt das Sprengstoff, und zwar nicht zu knapp. Nicht zuletzt deshalb, weil Männer die Kinder schrecklich verziehen. Sie lassen ihnen alles durchgehen, weil das bequemer ist, als ihnen Grenzen aufzuzeigen, sie verwöhnen sie, weil sie gerne gut dastehen, und sie sind in allen Fragen total inkonsequent. Zur Illustration hier ein typisches Gespräch:

Kind: »Papa, darf ich noch ein bisschen fernsehen?«

Vater: »Hm?«

Kind: »Im Fernsehen läuft gerade die *Sesamstraße.*«

Vater: »Hm.«

Kind: »Darf ich?«

Vater: »Na gut, aber nur kurz.«

(Kind schaltet ein und guckt eine Nachmittags-talkshow über *Ich schlafe täglich mit 'ner anderen,* direkt im Anschluss daran eine Gerichtssendung zum Thema *Schlägerei auf dem Transenstrich.* Nach einer halben Stunde kommt die Mutter dazu.)

Mutter: »Was guckst du da?«

Kind: »Fernsehen.«

Mutter (zum Vater): »Was lässt du ihn denn da gucken?«

Vater: »Hm?«

Mutter: »Ist dir bewusst, was dein Kind da anschaut?«

Die Frau rät:

Tipp an alle Frauen

Es ist eine Binsenweisheit: Männer können nicht multitasken. Immer nur eine Sache zu einer Zeit nimmt ihre Aufmerksamkeit in Anspruch, und zwar voll und ganz. Das männliche Tunnelblickfeld entspricht der einfachen Gehirnstruktur des jagenden Mannes (Ziel anvisieren, verfolgen, nicht ablenken lassen). Versuchen Sie nicht, das zu ändern. Es ist unmöglich.

Vater: »Hm.«

Mutter: »Findest du, dass das die richtige Sendung für dein Kind ist? Überhaupt, warum muss er jetzt fernsehen?«

Vater: »Er hat gesagt, es läuft Sesamstraße.«

Kind (jammernd): »Das stimmt! Die *Sesamstraße* läuft wirklich.«

Vater (zur Mutter): »Siehst du?«

Mutter: »Ich fasse es nicht! Willst du mir etwa sagen, das da ist *Sesamstraße*?«

Vater: »Hm.«

Mutter (für Doofe): »Das ist eine Gerichtsshow!«

Vater: »Da lernt man was fürs Leben!«

Mutter: »Über den Schwulenstrich? Mit fünf?«

Kind: »Was ist ein Schwulenstrich?«

Vater: »Das ist nichts für Kinder. Darüber sprechen wir mal, wenn du groß bist. Geh jetzt spielen.«

(Kind trollt sich murrend. Mutter ringt um Fassung. Vater vertieft sich wieder in seine Zeitung.) So läuft das. Väter sind einfach überhaupt nicht tauglich für die Kindererziehung. Lassen

Krisenbewältigung: Im Sturm des Lebens

Sie Ihren Mann gelegentlich babysitten, wenn Sie zum Friseur gehen wollen oder mal eine Ladies Night mit ein paar Freundinnen planen. Aber geben Sie auf keinen Fall die Zügel aus der Hand, wenn Sie nicht riskieren wollen, dass all das Wertvolle, das Sie in Ihrem Kind säen, vom inneren Schweinehund Ihres Göttergatten weggefressen wird, bevor es jemals aufgehen kann.

Machen Sie sich klar, dass Sie der Boss bleiben müssen, wenn Sie ernsthaft darüber nachdenken, Kinder in die Welt zu setzen – was im Übrigen eine großartige Sache ist und sich garantiert lohnt.

Wie gesagt, es ist ja die Frau, die den gemeinsamen Kinderwunsch hat. Dabei hilft vielfach der Umstand, dass es auch

Schwangerschaft: Wer weiß es zuerst?

Vielleicht gibt es eine Statistik, ganz sicher aber gibt es die umfragegestützte Erfahrung, dass zahllose Menschen vom bevorstehenden freudigen Ereignis früher erfahren als der Erzeuger des betreffenden Kindes. Dies sind unter anderem:
- die beste Freundin, die zweitbeste beste Freundin
- der Friseur, der Azubi vom Friseur
- die Frau im Nagelstudio, die Kundin, die im Nagelstudio nebenan saß
- der Frauenarzt, die Sprechstundenhilfe des Frauenarztes

Vor allem aber, und zwar zuallererst und in stundenlangen Detailgesprächen (vermutlich Hintergrundinformationen zur Zeugung):
- die Schwiegermutter

Wen wundert's schon, wenn Männer sich kaum für Erziehung interessieren. Manch einer weiß nicht einmal nach der Geburt, dass er Kinder hat.

meist die Frauen sind, die verhüten – und das eben mehr oder weniger zuverlässig tun. Mit wachsendem Kinderwunsch, egal ob mit dem Partner abgestimmt oder nicht, nimmt dabei die Sorgfalt proportional ab. Über den mangelnden Willen des männlichen Teils der Bevölkerung, zu verhüten, wird gerne geklagt. Das erweist sich für die Frauen als klarer Vorteil. Die Pille als Joker: Wer ihn nicht ausspielt, gewinnt!

Ich bin nicht sicher, ob die Mehrzahl der Väter in meinem Bekanntenkreis ihren Kinderwunsch bereits vor der Befruchtung verspürten oder erst danach. Überhaupt werden Männer gerne im Unklaren gelassen.

Alle sind sie wichtiger als der Vater. Mal ehrlich: Wozu legen die Frauen eigentlich überhaupt noch Wert auf einen natürlichen Erzeuger, wenn er zuerst nicht gefragt und dann nicht mal informiert wird? Gut, in meinem Fall mag das ein wenig anders sein (ausgenommen das Detail mit der Schwiegermutter). Aber letztlich ist es doch so, dass in Fragen der Kinderanschaffung die Frauen eine waschechte Diktatur errichtet haben.

So stellen Männer das gerne dar. In Wirklichkeit sind wir einfach verantwortungsvoller. Außerdem wissen wir viel besser, was gut für die Männer ist. Ein Mann ohne Kind wird doch praktisch nie erwachsen. Männern fehlt sozusagen das natürliche Reife-Gen. Männer sind notorisch unfähig, den Mehrwert eines Kindes zu erkennen. Sie können immer nur an eine Sache denken. Ein Kind kommt ihnen meist gar nicht in den Sinn. Bei Frauen ist das ganz anders. Ich erinnere mich gut an einen Abend mit Sky, anhand dessen sich das bestens veranschaulichen lässt:

Es war endlich mal wieder einer dieser kinderfreien Abende (und, geben wir es zu, solche Abende braucht man ab und zu dringend). Tara und Fayn lagen zufrieden in ihren Betten und schliefen, der Babysitter hatte es sich gemütlich gemacht, und wir brachen auf in unser Lieblingsrestaurant! Einfach fantastisch! Ganz ohne Kinder, frei für eine Nacht, wie frisch Verliebte und ohne belastende Gedanken an die zu Hause Gebliebenen!

Im Restaurant wurden wir auch prompt zu unserem Tisch geführt, der sich inmitten von Paaren mit Kindern befand. Nein, die Armen! Wie gut hatten wir es doch da getroffen: Ein kinderfreies Abendessen ohne Kleckern und ständiges Gequengel, Zeit nur für uns! Wir genehmigten uns ein Gläschen Prosecco und stießen gut gelaunt auf unsere Liebe an.

Während der Vorspeise wanderte mein Blick zu einem kleinen Jungen rechts von mir, der mich mit seinen braunen Augen und mittelblonden Haaren verschmitzt angrinste und nach meinem Namen fragte. Er wollte auch den Namen »von dem da« (er zeigte auf meinen Mann) wissen, und ich beantwortete seine Fragen lächelnd. Als ich dann jedoch nach seinem fragte, gab er nur schnippisch zurück: »Sag ich nicht!« Süß! Und irgendwie war er doch ganz wie unser Sohn! Ich fragte Sky, ob er nicht auch meine, dass dieser Junge wie unser Fayn reagiert habe. Doch er blickte mich nur völlig verständnislos an und fragte zurück, was kleine Jungs denn mit seiner Vorspeise zu tun hätten? Typisch Mann, nur ans Essen denken!

Auf der linken Seite befand sich ein kleines Baby in einem Kinderwagen. Meine Güte, hatte das Kind schöne Augen, ganz wie unsere Tochter Tara! Ach ja, diese Leute hatten es wirklich gut, konnten mit ihrem entzückenden Goldstück ins Restaurant gehen und es stundenlang ansehen. Ich geriet ins Schwärmen, und plötzlich war alles klar: Ich will auch noch mal so eins!

Und damit eröffnete ich meine Charmeoffensive.

»Sag mal«, säuselte ich Sky mit meinem allerzärtlichsten Unterton zu, »ist das nicht süß?«

Sein Kopf wanderte von rechts nach links, und dann schaute er mich wieder fragend an.

»Was denn?«, entgegnete er verwundert.

»Na, das da«, und ich deutete auf das kleine Baby im Kinderwagen. Sein Blick folgte meinem Finger, und ich flötete weiter, ob er das nicht auch soooo schön fände. Und da! Seine Augen begannen zu leuchten, und er pflichtete mir lächelnd und mit einem Nicken bei. Jetzt oder nie! »Schahatz, so eins hätte ich auch gerne!«

»Meine Güte, ja, genau mein Geschmack«, entgegnete mir mein Mann, »wo kann man das denn kaufen?«

Wie kaufen? Was kaufen? War er jetzt völlig verrückt geworden?

»Schatz«, machte er meine Verwirrung vollständig, »meinst du, das gibt es auch in Grün?«

Ich verstand nur noch Bahnhof, doch Sekunden später fiel es mir wie Schuppen von den Augen: Der Kerl hatte keinen einzigen Gedanken an das kleine süße »Eventuell-Baby« verschwendet, er hatte die ganze Zeit nur dieses blöde FC-St.-Pauli-T-Shirt gemeint, das das Baby trug. Wieder ein Abend, an dem weibliche Romantik und männliche Einfalt brutal aufeinanderprallten!

Ja, so stellen Frauen das gerne dar. In Wirklichkeit sind es natürlich die Kinder, die als Romantik-Killer Nummer eins in die Weltgeschichte eingehen. Keine Frage, sie sind wundervoll und ich möchte keines missen.

Aber mal ehrlich: Wer hat noch Sex, wenn er Kinder hat? Zumal, seit es das sogenannte »Vorspiel« gibt. Das dauert immer gerade so lange, bis wieder eines der Kinder sich bemerkbar macht, entweder durch Schreien oder weil es aus dem Bett fällt, plötzlich vor dem elterlichen Ruhelager auftaucht »weil ich nicht schlafen kann« oder sich auf die Hi-Fi-Anlage übergibt. Sollte man es doch mal über das Vorspiel hinaus schaffen, ist die Wahrscheinlichkeit groß, dass man auf einmal ein großäugiges kleines Wesen im Schlafzimmer stehen hat, das sich sorgt: »Warum stöhnt Mami so? Geht's ihr nicht gut?«

Falls Sie sich sagen, dass es für solche Fälle ja Türen gibt, die sich sogar abschließen lassen, dann haben Sie vermutlich keine Kinder. Nicht, dass sie die Türen im Haus aufbrechen würden. Das ist gar nicht nötig. Die Sorgen der Mama reichen völlig:

»Du kannst doch die Tür nicht abschließen! Was ist, wenn was passiert?«

»Was soll schon passieren?«

»Na, eines von den Kindern könnte sich melden.«

»Deswegen schließe ich ja ab.«

»Das kannst du doch nicht machen! Wir sind doch hier nicht

im Gefängnis! Kinder müssen wissen, dass ihre Eltern jederzeit für sie da sind!«

»Sind wir doch auch. Pausenlos sogar. Aber jetzt möchte ich bloß mal für dich da sein.«

»Das kannst du genauso gut, wenn die Tür nicht verschlossen ist. Mach sie wieder auf.«

»Aber dann kommt garantiert wieder eines von den kleinen Monstern und ...«

»Von den kleinen was? Was bist du denn für ein Rabenvater?«

Und so weiter. Wenn Sie Kinder haben, kennen Sie das: Die Kleinen sind sogar da, wenn sie sich mal nicht melden – als virtuelle Lustkiller im Schlafzimmer, als anti-erotische Familiengespenster sozusagen.

»Typisch Mann: Ich spreche von Romantik, und er denkt wieder nur an Sex.«

»Weil das für Männer nun einmal untrennbar miteinander verbunden ist. Frauen tun immer so, als wären das zwei ganz verschiedene Abteilungen des menschlichen Miteinanders. Vor allem tun sie so, als wäre es irgendwie schmutzig, bei Romantik an Sex zu denken.«

»Das haben wir doch schon im Kapitel Sex vertieft. Hier geht's um Kinder. Und die haben nun wirklich nichts mit Sex zu tun.«

»Ha! Dann sollte doch noch einmal gefragt werden, wie es zu den kleinen Mitbewohnern überhaupt kommt.«

Nun, da ist zunächst einmal der Kinderwunsch. Ehe sich eine Frau diesem Wunsch öffnet, sollte sie sich sorgfältig mit der Kinderkompatibiliät ihres Partners beschäftigen. Denn es gibt Männer, mit denen macht Kinder haben Spaß – und es gibt solche, bei denen ist dringend vor einer Ausweitung der Kampfzone ins Kinderzimmer zu warnen. Das sind die, die Schlafzimmertüren abschließen und unsere armen, kleinen schutzbedürftigen Würmchen aussperren! Wer Kinder will, sollte sich eher den knuffigen Typ Mann suchen. Der lässt sich ködern mit Dingen, die man mit Kindern unternehmen kann: Drachen steigen lassen, Laternenumzug, Modelleisenbahn spielen, im Baumhaus sitzen, Schlauchboot fahren und so weiter.

Für so etwas ist der Maserati-Typ einfach nicht geeignet. Dekolleté-Fetischisten können mit Still-BHs schlecht leben. Manager-Egomanen tun sich mit dem Fläschchengeben schwer. Manche Männer sind einfach viel zu sehr auf sich selbst und auf ihren Spaß fixiert. Sie können ihr Leben nicht wirklich teilen. Schon gar nicht mit Kindern. Deshalb möchte ich hier für den väterlichen Typ Mann eine Lanze brechen!

»Den knuffigen? Kein Kommentar.«

»Den knuffigen Typ, ja. Er ist der richtige für eine glückliche Partnerschaft zu dritt, zu viert, zu fünf …«

Frauen werden es vermutlich nie durchschauen: Wenn wir Männer knuffig tun, dann ist das einfach eine Masche. Den Mann, der gerne Fläschchen gibt, den gibt es nicht. Windeln wechseln gehört zu den Lieblingsbeschäftigungen von exakt keinem meiner Bekannten und Freunde. Wenn die das trotzdem tun, dann aus purer Berechnung! Wir wollen Kinder! Männer wollen nicht Eisenbahn spielen, sie wollen sich fortpflanzen. Das ist ein biologischer Trieb und auch ganz einfach eine schöne Sache. Einen kleinen Menschen aufwachsen zu sehen, sein Leben zu begleiten, ihn zu fördern, ihn zu lieben und von ihm geliebt zu werden – das sind die wahren Werte im Leben! Darauf kommt es doch am Ende des Tages an. Meine Kinder sind das Wertvollste, das es auf dieser Welt für mich gibt. So geht das allen Vätern. Sie stolpern längst nicht so blind in die Baby-Falle, wie Frauen das gerne glauben.

Männertypen

Männertyp	Wichtigstes Utensil	Typische Aussage	Für eine Frau würde er ...	Kinder
Der knuffige Typ	Familienvan und Impfpass	Bleib doch noch zum Essen, die Kinder sind auch gleich da.	... fast alles tun.	und Familie sind die wahre Heimat seiner Seele.
Der Maserati-Typ	Maserati	Die neuen Breitreifen hab ich schon vor einer Woche bestellt.	... vor der gemeinsamen Spritztour ein besonders gutes Motoröl einfüllen.	sind kein Grund zum Langsamfahren.
Der Dekolleté-Fetischist	Kundenkarte des Dessousladens	Ziehst du heute mal das tief Ausgeschnittene an?	... jede chirurgische Brustvergrößerung bezahlen.	betrachtet er als Konkurrenz, vor allem Säuglinge.
Der Manager-Egomane	Blackberry	Ich ruf dich nächste Woche kurz aus Hongkong an.	... ausnahmsweise für eine halbe Stunde sein Handy abschalten.	kann man vor ihm problemlos jahrelang geheim halten.
Der Sportfanatiker	Pulsuhr	Das schaff ich locker in einsdreißig.	... eine zusätzliche Sportart erlernen.	sieht er als zukünftige Trainingspartner.
Der Fernsehsportfanatiker	Bierflasche und Fanschal	Schieß doch endlich, du Trottel!	... die Chipstüte teilen.	stehen immer nur im Bild.
Der Rock 'n' Roller	Gibson Les-Paul-Gitarre	Hast du mein Pick gesehen?	... auch mal Guns 'n' Roses spielen.	sind für ihn ein bedauerlicher Backstage-Unfall.
Der Geizhals	Taschenrechner	Waaas, so teuer?	... Bratkartoffeln bei Kerzenlicht servieren.	sind für ihn ein Fass ohne Boden.

Krisenbewältigung: Im Sturm des Lebens

Mag sein, dass Männer sich öfter scheuen, Kinder aktiv zu planen. Das liegt aber vermutlich vor allem an großen Verantwortungsgefühlen. Denn diese Fragen stellen sich nun einmal: Werde ich ein guter Vater sein? Kann ich dem Kind alles bieten, was es braucht? Ist dies eine gute Welt für ein Kind? Möglich, dass zwar viele sich diese Fragen nicht bewusst stellen. Aber sie stehen im Raum und bestimmen, wohin die Reise geht. Nein, Männer machen es sich nicht leicht. Kinder sind eine große Aufgabe, ein großes Glück und eine große Herausforderung. Gott sei Dank, wir haben welche.

»Ja. Und sind sie nicht süß?«

»Hm. Können wir jetzt bitte trotzdem die Tür absperren??«

TYPISCH KLEINER MANN

Man hält es kaum für möglich, aber mein kleiner Sohn ist eigentlich schon jetzt, mit 18 Monaten, ein echter Kerl!

Im zarten Alter von zehn Monaten entdeckte er beim Wickeln zum ersten Mal seinen kleinen Freund. Ein zufälliger Griff zwischen die Beine, und da war es ... dieses Lächeln, dieses zufriedene Grinsen, das man bei Männern bisweilen zu sehen bekommt, wenn sie feststellen, dass fast alles, wofür es sich zu leben lohnt, noch da ist! Oder eben schon da. Wie bei unserem Sohnemann. Dies war der Beginn einer wunderbaren Freundschaft. Ein Zentimeter Schniedel würde mit zunehmendem Alter die Funktion des klaren Denkens übernehmen.

»Was, bitteschön, soll schlecht daran sein, den eigenen Körper zu entdecken? Ja, wir Männer wollen nun mal das Wunder der Schöpfung immer wieder aufs Neue nachvollziehen.«

»Ziehen, genau. Das ist das richtige Stichwort. Der Junge zieht daran, als wollte er mit der Nummer im Zirkus auftreten, und wenn ich ihm dann zur Ablenkung zum Beispiel ein Eis gebe, ist er durchaus in der Lage, sich an seinem Schniedel festzuhalten, gleichzeitig am Eis zu schlecken und das gesamte Sofa vollzuschmieren.«

»Man nennt das Multitasking. Männer können eben doch, anders als Frauen, mehrere Dinge gleichzeitig tun. Und das fängt schon in den ersten Lebensmonaten an. Das beweist, dass nichts dran ist an dem verbreiteten Vorurteil, Männer könnten sich nicht mal beim Pupsen auf etwas anderes konzentrieren, weshalb man es ihnen auch schon ansehe, bevor sich die Atemluft drastisch verschlechtert. Was das betrifft, so bin ich übrigens fest davon überzeugt, dass die wahre Ursache des Waldsterbens noch nicht völlig erforscht ist.«

»Sehr gutes Beispiel! Auch das Pupsen scheint für unseren Sohn eine wundervolle neue Entdeckung zu sein, die nicht oft und laut genug demonstriert werden kann. Und glauben Sie mir: *So* können das nur Männer. Während Frauen vor Scham sterben würden, sollte ihnen in Gegenwart anderer Menschen ein Lüftchen entweichen, machen sich Männer einen Spaß daraus, mit Freunden um die Wette zu furzen. Manche sind außerdem in der Lage zu erkennen, welcher ihrer Freunde einen gelassen hat. In einigen Männererzählungen geht es sogar um waghalsige Experimente: Haben Sie sich schon einmal ein Feuerzeug vor den Po gehalten, bevor sie pupsen mussten? Nein? Dann sind Sie sicher kein Mann – und ich erspare Ihnen lieber den Rest!«

»Hier werden Dinge hoffnungslos dramatisiert. Medizinisch gesehen entsteht beim Verdauungsprozess im Darm ein Gas, das seinen Weg nach draußen sucht. Wie viel ehrlicher gehen wir Männer mit unseren Körperfunktionen um! Nein, wir genieren uns nicht, dass es natürliche Vorgänge an und in uns gibt. Und diese müssen bei uns kein Schattendasein führen, weil sie etwa von der Gesellschaft (womit an dieser Stelle hauptsächlich die Frauen gemeint sind) geächtet werden. Männer sind cool, sie lassen den Dingen ihren Lauf, schämen sich ihres Körpers nicht. Das ist durchaus kein Mangel an Sensibilität. Im Gegenteil! Wahrscheinlich sind wir Männer einfach sensibler. Jawohl, und das wird auch der Grund sein, warum uns Krankheiten (vornehmlich Erkältungen) viel schwerer treffen als das sogenannte schwache Geschlecht.«

»Ich fürchte, dass mein Sohn auch einer von ›denen‹ ist. Seien wir doch ehrlich, ein wenig hofft doch jede Mutter, dass gerade ihr Sohn anders ist. Männlich ja, aber doch mit der Zurückhaltung und Sensibilität einer Frau. Er soll immer höflich sein, Frauen später einmal die Tür aufhalten, ihnen in den Mantel helfen und sich keinesfalls diesen typisch männlichen Unarten hingeben.«

Vielleicht ist es gerade das, was einem Mann erst das Format gibt, ein Gentleman zu werden. Männer, die als Kinder nicht an ihrem Schniedel gezogen haben, werden vielleicht viel zu schüchtern sein, um einer Frau in den Mantel zu helfen.

Männer müssen das Leben an ihrem Körper üben. Das tun sie, indem sie sich selbst entdecken, ehe sie die Welt erforschen. Alle großen Entdecker waren nun mal Männer. Denken Sie an Kolumbus, Marco Polo oder Alexander den Großen. Glauben Sie ernstlich, dass eine Frau sich die Mühe gemacht hätte, Amerika zu entdecken oder Indien zu erobern? Nein, Frauen stöbern selbst in einer vollkommen fremden Umgebung zuallererst einen Schuh- oder Taschenladen auf. Die Frage, wie es denn mal mit einer Abenteuerreise in die Antarktis wäre, würde sofort mit der Gegenfrage gekontert werden: »Kann man da shoppen?«

Und so verhält es sich auch bei der Untersuchung des eigenen Körpers. Was da alles auszuprobieren ist, begreifen Männer bereits im Babyalter. Ich bin sicher: Dies muss Gott bei der Schöpfung des Mannes schon so beabsichtigt haben.

Richtig: Da wäre noch das Thema ›Auto‹ im Leben meines Sohnes. Während unsere Tochter immer ruhig und sanft mit ihren Puppen spielte, lässt mein Sohn seine Spielzeugautos gnadenlos gegen die Wand fahren.

»Dusch!«, ruft er vergnügt und grinst von einem Ohr bis zum anderen! »Dusch« ist ein Wort, das in unserem Haus vorher noch nie gefallen war. Jedenfalls nicht in dieser Bedeutung.

Er kann kaum sprechen, hat aber bereits alle typisch männlichen Verhaltensweisen. Ich bin mir ganz sicher, dass ihm dieses

Info

Schon Mädchen und Jungs sind anders

Mädchen fehlt die Marco-Polo-Entdecker-Mentalität. Das wird der Grund sein, warum Gott bei der Erschaffung der Frau die primären, wirklich interessanten Dinge unter Putz gelegt hat. Der Mann wusste, was er tat, wenn Gott denn nun ein Mann war ... Wir Männer sind sozusagen Autodidakten des Feinsinns.

Autocrashen keiner je gezeigt hat, also kann es doch nur seinen
männlichen Genen entsprungen sein! Was für Gene, deren
Uranlagen das Erbe von vielen Millionen Jahren Evolution sind
und die in erlesenen Fertigkeiten gipfeln wie dem Genitalienzie-
hen, dem geräuschintensiven Luftablassen oder dem Möglichst-
viele-Dinge-gegen-die-Wand-fahren.

Ein anderes machohaftes Verhalten kommt regelmäßig im
Supermarkt zum Vorschein. Fayn hat immer Hunger. Und diesem Gefühl verleiht er lauthals mit dem Wort »jamjam« Ausdruck. Kaum sind wir an der Wursttheke angekommen, setzt er
seinen unwiderstehlichen Augenaufschlag ein, lächelt die Verkäuferin an und flüstert »jamjam«, was so viel heißen soll wie: Ich
habe Hunger und will auf der Stelle ein Stück Wurst. Es vergehen
nur Sekunden, bis die Verkäuferin ihm eine Scheibe reicht.

Aber natürlich ist eine Scheibe viel zu wenig. Oder haben Sie
schon einmal einen Mann gesehen, der nach einer Scheibe Wurst
satt war? Und nun nimmt das Drama seinen Lauf. Mittlerweile
bedient die Verkäuferin den nächsten Kunden. Ihrer Aufmerksamkeit beraubt, fällt jeglicher Charme von ihm ab, und er fordert
mit geballten Fäusten eine weitere Scheibe Wurst. Die lauten
Proteste steigern sich mehr und mehr, bis ich schweißgebadet
den Supermarkt wieder verlasse habe. Nach diesen Tagen bin
ich immer felsenfest überzeugt, mein Sohn ist auch einer von
denen!

Eine einzige dünne Scheibe Wurst, ich bitte Sie, wer soll denn
davon satt werden? Wir Männer sind nun mal nicht ständig auf
Diät, um in irgendwelche Klamotten zu passen, die schon im
Geschäft zwei Nummern zu klein gekauft wurden. Demonstrativ
hingeworfene Bemerkungen unter Frauen à la: »Mir passt schon
seit Jahren Größe 36« haben wir nicht nötig. Diese Lässigkeit,

diese Erhabenheit, dieses Wissen, dass der Geist nichts mit dem Körper zu tun hat, hat mein kleiner Sohn bereits vollkommen verinnerlicht.

Also, ich bin stolz darauf, dass er einer von denen ist!

MENSCH, GEDENKE!

Mehrmals im Jahr ereignet sich bei uns ein immer wiederkehrendes Drama. Die Rede ist von Erinnerungstagen: vom Hochzeitstag, vom Happy-Kennenlernen-Tag, vom Zum-ersten-Mal-Tag, vom Zum-ersten-Mal-richtig-mit-allem-drum-und-dran-Tag, vom Tag des ersten Antrages und anderen denkwürdigen Ereignissen.

Wir Männer sind zukunftsorientiert. Seit Tausenden von Jahren sorgen wir uns ausschließlich darum, was wir erlegen müssen, um Essen für die Familie auf den Tisch zu bringen. Welche Waffen brauche ich, um meine Familie zu verteidigen, und wohin schleppe ich das heldenmütig mit bloßen Händen erwürgte Mammut, damit es nicht von Konkurrenten geklaut wird, um ihre eigenen Frauen zu beeindrucken. Die Evolution hat uns gelehrt, immer nach vorne zu blicken.

Aber nun kommt die Frau und will wissen, ob wir uns an das genaue Datum erinnern, an dem sie mit uns das erste Mal in die Kiste gesprungen ist? Ein verzweifelter Blick auf die sieben auf dem Höhlenboden spielenden Kinder überzeugte uns damals davon, dass wir irgendwann tatsächlich Sex gehabt haben mussten, aber wann, war doch nebensächlich. Es war auf jeden Fall ein Quickie (das waren noch Zeiten!), da die Nummer auf dem Boden irgendeiner Höhle bei wahrscheinlich minus vier

Krisenbewältigung: Im Sturm des Lebens

Der Mann rät:

Unbedingt erinnern!

Egal, für wie berechtigt Sie Ihre Vergesslichkeit halten: Bei Erinnerungstagen gilt einzig die Ansicht der Frau. Und die steigt Ihnen definitiv aufs Dach, wenn Sie sich nicht rechtzeitig und angemessen erinnern. Also, nutzen Sie alle Tricks, die Ihnen zur Gedächtnisunterstützung einfallen oder angeboten werden! Vergessen Sie diese wichtigen Tage niemals. Nie!

Grad unter einem Maulwurfsfell stattgefunden hatte. Kein Vorspiel und sicherlich auch kein Nachspiel, oder gab es da schon die Zigarette danach? Außerdem war selbst das letzte Mal schon so lange her, dass auch dieser Akt in der riesigen Kiste der Erinnerungen irgendwo in einer dunklen Ecke verschwunden war.

Wie sagt man so schön: Wenn du schon lange keinen Sex mehr mit einer Frau hattest, bist du entweder homosexuell oder verheiratet!

Diesen Vorteil hatten unsere Urahnen in der Steinzeit: Es gab weder Hochzeitstag noch Verlobungstag – es fehlte nämlich noch der Kalender! Diese unselige Errungenschaft haben wir den alten Römern zu verdanken. Kein Wunder, dass sich die Cäsaren und ihre Frauen so oft gegenseitig gemeuchelt haben.

Vielleicht sollte mal jemand die soziologischen Auswirkungen des Kalenders auf das Zusammenleben von Mann und Frau untersuchen. Wie friedvoll müssen doch die Zeiten gewesen sein, als man die Uhrzeit nach dem Stand der Sonne und die gröberen Zeitabschnitte danach bemaß, wie lang die Eiszapfen waren, die einem unter den Achseln wuchsen. Kein Hochzeitstag hieß also auch keine überraschenden Keulenschläge zur Erinnerung. Und keine Schwiegereltern. Wobei ich in diesem Fall großes Glück habe. Meine Schwiegereltern sind meine besten Freunde, was allerdings kein großes Wunder ist, wenn ich es recht bedenke, schließlich sind sie genau in meinem Alter!

Doch zurück zur Gegenwart: Die weibliche Vorliebe für Erinnerungstage aller Art trifft den Mann mit voller Wucht, schlimmer noch, es werden immer mehr.

»Weißt du noch, als wir damals in Rom waren?«

Wie macht sich da die ehrliche Gegenfrage: »Wir waren zusammen in Rom?«

»Ach, du warst wohl mit jemand anderem in Rom? Wahrscheinlich mit Steffi, dieser Schlampe?«

Typischer Fall einer Frauenfrage, die eigentlich keine gefahrlose Antwort zulässt. Außerdem, wie soll man sich als Mann an so etwas noch erinnern? Man kann sich vielleicht vage an das Hotel erinnern, schon eher daran, dass das Bett ganz fürchterlich gequietscht und nach einiger Zeit schrecklich geächzt hat, und daran, dass die Nachbarn um drei Uhr morgens wütend gegen die Wand getrommelt haben.

Aber war das in Rom? Man hat sich ja wirklich ganz fest vorgenommen, ein bisschen Sightseeing zu machen, aber irgendwie kam man nicht dazu. Die Erinnerungsleistung erreicht nun ihren (vielleicht in diesem Zusammenhang das falsche Wort, aber egal) Höhepunkt: War es wirklich Steffi? Und wer zum Teufel ist eigentlich Steffi?

(Vorsicht!) Nun schießt Frau den tödlichen Pfeil ab, denn schweigen Sie, ist das für die Frau die Bestätigung ihres Verdachts. Sagen Sie etwas, ist es mit Sicherheit das Falsche und wird gegen Sie verwendet.

»Klar, das sehe ich dir doch an, es war diese hässliche, dicke, nymphomanische Steffi. Du treibst es doch mit jeder, von wählerisch keine Spur. Wie konnte ich nur auf so ein Tier hereinfallen!«

Ich rekapituliere: Das Letzte, was ich gefragt hatte, war: »Wir waren zusammen in Rom?«

»Die hat Pickel, einen fetten Arsch und zieht sich Scheiße an!«

Um ehrlich zu sein, kann ich mich nicht daran erinnern, wie sich Steffi angezogen hat, nur dass sie tatsächlich einen fetten Hintern hatte. Aber ich habe sie eh immer nur von vorne gesehen, und Kleider hatte sie dabei nie an. Bei einer solchen Antwort würde ich umgehend bei den genitalgesteuerten Triebtätern eingeordnet. Gegenwehr zwecklos.

Ich gebe jedem Mann den dringenden Rat, zu Beginn einer Beziehung auf Daten zu achten, die einen klaren Signalcharakter haben. Wie wäre es zum Beispiel, den Kennenlern-Tag auf den 1. Januar zu legen? Ein Datum, das für jeden Mann nahezu unvergesslich sein dürfte.

Problematisch ist natürlich, dass sich das Kennenlernen nur bedingt steuern lässt. Sollten Sie aber zufällig Ihrer Traumfrau an einem 30. oder 31. abends über den Weg laufen, sprechen Sie sie erst um 00.01 Uhr an. Damit haben Sie einen ärgerlichen Stolperstein weitsichtig aus dem Weg geräumt.

Als Das-Erste-Mal-Tag bietet sich der Tag der Deutschen Einheit an, aber der fällt auf den 3. November, und das würde sich – falls Sie der obigen Empfehlung gefolgt sein sollten – für Ihre Hormone mit Sicherheit ein wenig zu lange hinziehen. (Abgesehen davon würde sich wohl jede Frau bei einer solchen Zeitspanne irgendwann ganz direkt erkundigen, ob man sich vielleicht eher zum männlichen Geschlecht hingezogen fühle.)

»Der Tag der Deutschen Einheit ist der 3. Oktober, Schatz!«

»Sage ich doch, mit Daten sind wir Männer nicht so gut.«

Der große Pluspunkt solch auffälliger Jahrestage ist natürlich, dass man schlichtweg überall daran erinnert wird. Wenn Sie zum Beispiel auf dem Weg zur Arbeit im Auto Radio hören, werden Sie durch die Nachrichten alle paar Minuten daran erinnert, dass ja Tag der Deutschen Einheit ist. Dann können Sie schnell den nächsten Floristen anrufen und ein paar Blümchen nach Hause liefern lassen. Sieht romantisch aus und kommt immer gut an.

»Der Haken an deinem Tipp ist, dass der Tag der Deutschen Einheit ein Feiertag ist. Da gibt's keinen Weg zur Arbeit. Und der nächste Florist hat auch nicht auf.«

»Umso besser: Man kann ausschlafen, wacht morgens erquickt auf, wird durch diesen schönen Feiertag daran erinnert, dass es auch noch einen privaten Grund zum Feiern gibt, und kann das dann gleich im Bett anlassgemäß und stilecht begehen.«

»Funktioniert nur leider nicht am Wochenende, weil man da immer ausschlafen kann.«

Der Mann rät:

Hochzeitstag: Wählen Sie sorgfältig!

Ich kann nur jedem halbwegs vorausschauenden Mann raten, sich für diesen bedeutenden (und für jede Frau unvergesslichen!) Tag ein Datum auszusuchen, an dem selbst bei Volltrunkenheit oder Debilität sämtliche Alarmglocken im Kopf zu läuten beginnen. Und glauben Sie mir, ich weiß, wovon ich spreche.

Krisenbewältigung: Im Sturm des Lebens

»Musst du eigentlich immer an meinen Tipps rummeckern?«

»Ja.«

Am besten ist sowieso der 6. Januar, die Heiligen Drei Könige. In einigen Bundesländern zwar ein Feiertag (man hat viel Zeit), aber ungünstig, da die Geschäfte geschlossen sind und man kein »In-letzter-Minute-Geschenk« besorgen kann, für mich aber perfekt, denn ich lebe in Hamburg, wo die Feiertage auf ein absolutes Mindestmaß reduziert wurden. Hier kann man locker noch auf den letzten Drücker ein paar Blumen besorgen, und wenn es an der Tanke ist. Für den Heiratsantrag schlage ich Fronleichnam im Juni vor, und wer sich ein wenig mehr Zeit nehmen will, für den bietet sich der Volkstrauertag im November an.

»Sehr witzig! Kein Kommentar.«

»Das ist ein Kommentar, Schatz!«

Heiratsantrag ist das Stichwort. Sollte nämlich unsere »Anfrage« positiv beantwortet werden, kommt bald das wichtigste und erinnerungsträchtigste Datum auf die Agenda: der Tag der Vermählung, auch Hochzeit genannt. Vorsicht: Einer Frau ist der Erinnerungsimpuls bei ihrem Mann wichtiger als der fragliche Anlass selbst. Hüten Sie sich davor, den »Rom-Fehler« zu machen. Fragen Sie niemals: »Wir haben geheiratet????« Auch dann nicht, wenn Ihr Junggesellenabschied durch den Alkoholgenuss die folgenden Tage in einen undurchdringlichen Nebel gehüllt haben sollte.

Wählen Sie doch den Buß- und Bettag im November. Ein unvergessliches Datum für eine Hochzeit, und mit ein wenig Fantasie kann man dem Wort Bettag ein weiteres »t« zuordnen und hat ein wenig Spaß beim Begehen des besonderen Ereignisses.

»Tolle Idee, Schatz. Der Buß- und Bettag hat kein festes Datum und löst das männliche Ich-habe-ein-Gedächtnis-wie-ein-Sieb-Problem daher nicht.«

Der Mann rät:

Jubeltage

Sehr hilfreich im Handling von Jubeltagen sind elektronische Taschenkalender, wie man sie heute in jedem guten Handy hat oder im sogenannten Blackberry. Wichtig dabei: Stellen Sie bei der Erinnerungsfunktion nicht erst den eigentlichen Hochzeitstag ein, sondern zwei Tage vorher (»Achtung, übermorgen Hochzeitstag! Blumen besorgen!«). Dann noch mal einen Tag später (»ALARM! Morgen Hochzeitstag!! Blumen besorgen!«) und dann den eigentlichen Tag, um sich erinnern zu lassen (»Hochzeitstag!!! Ausrede überlegen wegen der Blumen!«). Beim Signalton auf Diskretion achten. Frauen möchten zwar, dass wir uns dauernd erinnern, wir sollen uns aber nicht daran erinnern lassen dürfen.

Die Frau rät:

Männer und die Tage des Erinnerns

Einmal im Jahr möchte eine Frau die Gewissheit haben, dass ihr Mann sie auf der Stelle immer wieder heiraten würde. Deshalb sind Frauen so hochzeitstagfixiert. Männer, die sich damit schwertun, haben 364 andere Tage im Jahr Zeit, um ihre Liebe zu beweisen, und zwar ihre unsterbliche Liebe. Keine Frau wird sich über einen vergessenen Hochzeitstag ernsthaft beschweren, wenn sie das ganze Jahr über mit Liebesbriefen, Blumen, Juwelen und anderen kleinen Aufmerksamkeiten überhäuft wird. Für alle Männer, die sonst lieber faul sind, gilt: Häng dich rein und zeige deiner Frau, wie sehr du sie liebst! Es lohnt sich!

Na gut, wie wäre es damit: Ein alter Freund von mir hat seine Frau am Nikolaustag geehelicht und sich dann recht schnell um ein Rudel Kinder bemüht, das ihn bis heute zuverlässig schon Tage vor dem Anlass immer und immer wieder aufgeregt an das Ereignis erinnert. Das Paar lebt in Bayern, das erleichtert die Sache zusätzlich. Denn der Nikolaustag ist ja bekanntlich der 6. Dezember, in vielen Gegenden Bayerns aber kommt der Nikolaus bereits am 5., wenn es dunkel geworden ist. So ist der Warnschuss am Vorabend ebenfalls gesichert, und es kann eigentlich nichts mehr schiefgehen. Da kann ich nur sagen: Hut ab, clever gemacht! Kein Wunder, dass die beiden (obwohl Mann und Frau!) seit vielen Jahren ein glückliches Paar sind.

FILM UND FERNSEHEN

Der eine oder andere Leser wird vielleicht wissen, dass ich bei Film und Fernsehen meine Brötchen verdiene.

Selten, aber doch manchmal berührt einen Schauspieler das Glück. Man dreht einen erfolgreichen Film und ist plötzlich bekannt, im günstigsten Fall beliebt und vielleicht sogar respektiert. Ich hatte dieses Glück, aber nun darf niemand glauben, dass dieser Respekt oder mein bescheidenes Ansehen in Bezug auf Film und Fernsehen bei uns zu Hause irgendeine Rolle spielen würden. Wenn es um die Frage geht, was wir im Fernsehen gucken oder welche Filme wir auf DVD ansehen, dann herrscht bei uns im Haus die blanke Diktatur. Bitte glauben Sie nicht, dass es das nur in Nordkorea oder China gibt. Meine Frau regiert, zumindest was das Fernsehprogramm betrifft, gnadenlos. Und ich bin sicher, dass ich dieses Schicksal mit Millionen Männern teile. Denn überall, wo ein Fernsehgerät steht, gibt es auch eine Frau, die den Finger am Drücker hat. Im wahrsten Sinne des Wortes! Die Fernbedienung ist nämlich ein Instrument, das erfunden wurde, um klare Regeln gegen den Mann durchzusetzen.

Im Ernst, ich kenne keinen Mann, der in seinem Haushalt noch die Hoheit über die Fernbedienung innehat. Beispiel? Gerne.

Neulich war ich zu Sprachaufnahmen in einem Studio, in dem auch viel Musik produziert wird.

Da arbeiten so richtig harte Kerle. Mit Lederjacke, Tattoos auf den Armen (und wer weiß, wo noch), Harley vor der Tür und kästenweise Bier im Studiokühlschrank. Jungs, die es gewohnt sind, für eine Produktion auch die Nächte durchzuackern, denen Selbstmitleid fremd ist und die der Ansicht sind, Gewerkschaften sind etwas für Weicheier. Solche Jungs arbeiten da. Und was erzählt mir Charly*?

Info

Fernsehregeln für den Mann

– Setz dich hin und halt den Mund oder verlasse den Raum.
– Lass deine Frau nur machen.
– Nur sie weiß, was wirklich sehenswert ist.
– *Bauer sucht Frau* ist beispielsweise Bildungsfernsehen in Reinkultur, nur sind Männer zu blöd, das zu begreifen!

* (Name geändert, um Ärger mit seiner besseren Hälfte zu vermeiden.)

»Ich esse keine Currywurst mehr.«

»Wieso nicht?«

»Ich habe gestern in so einer Gesundheitssendung gesehen, dass mich das Fett, das sie da reinhauen, umbringt.«

»Du guckst Gesundheitssendungen?«

»Nicht ich. Meine Frau.«

»Und du guckst zu?«

»Hey, Mann, bist du nicht auch verheiratet?«

»Äh, doch. Schon.«

»Dann musst du das eigentlich wissen.«

»Was?«

»Dass deine Alte die Macht übernommen hat. Jedenfalls, wenn es um die Fernbedienung geht.«

»Hm.«

»Klar. Wenn ich abends heimkomme, bin ich so fertig, dass ich einfach nicht mehr mit ihr rumstreiten kann. Sie schaut sich eben den ganzen Gesundheits- und Kochkram an. Und ich schmeiß mich neben sie aufs Bett und schau kraftlos mit.«

Vorsicht beim Kampf um die Fernbedienung

Vor Jahren fand im Zuge eines Streits um die Fernbedienung in Spanien sogar ein Mord statt. Allerdings hatte der Todesschütze nichts von seinem Triumph, denn vor Wut hatte er zuerst in den Bildschirm geschossen. Dumm gelaufen: Fernbedienung, aber keinen Fernseher mehr.

»Okay. Gesundheits- und Kochkram würde ich mir auch nie alleine ansehen.«

Mehr noch: Kein Mann würde sich freiwillig im Fernsehen ansehen, wie ununterbrochen gebraten, gebrutzelt, aus- oder eingewandert wird. Auf allen Kanälen! Noch schlimmer sind Gesundheits- und Fitness-Formate oder Doku-Soaps wie *Germany's Topmodel* oder *Popstars*. Es ist unerträglich, mitansehen zu müssen, wie überschminkte junge Frauen auf viel zu hohen Absätzen dauernd umknicken oder mäßig begabte Sangestalente in ihr Mikro weinen, weil sie nicht zurückgerufen werden (oder was immer »Recall« bedeuten soll). Der reinste Albtraum für einen Mann, der noch im Besitz seiner geistigen und körperlichen Kräfte ist. Aber Frauen sind da gnadenlos.

Oder man sitzt plötzlich paralysiert vor dem Gesundheitsmagazin oder der Fitness-Umschau und weiß, dass man nach dem Experteninterview nicht mehr der Mann ist, der man einmal war. Sie reden einem von der Schilddrüsenfehlfunktion über Arthritis bis hin zu Potenzproblemen so gut wie alles ein, was ein Mensch nur haben kann. Seit wir Gesundheitssendungen gucken, kann meine Frau nicht mehr an einer Apotheke vorbeigehen, ohne einen kostenlosen Blutdrucktest durchführen zu lassen – selbstverständlich bei mir. Oder einen Cholesterin-Test. Mit der Folge, dass ich neuerdings, wenn wir essen gehen wollen, die Route zum Restaurant so berechnen muss, dass wir an keiner Apotheke vorbeikommen. Andernfalls muss ich mir bei der Auswahl der Speisen ständig Dinge anhören wie:

»Das ist nicht gut für deinen Cholesterinspiegel.«

Oder:

»Weißt du eigentlich, dass deine Harnsäure-Werte sprunghaft ansteigen, wenn du immer rotes Fleisch isst?«

Krisenbewältigung: Im Sturm des Lebens

Alternativ:

»Nimm das nicht, das ist eine Kalorienbombe ersten Grades.«

Alles Spezialwissen aus Fernsehredaktionen! Und wenn man sich nicht Professor Doktor Doktor Dingsbums ansehen muss, der meistens selber einen Zentner zu viel auf die Waage bringt, dann glotzt man auf Männer mit Seeräuberkopftüchern oder Geißenbärtchen, die schnippeln und rühren, oft im Wettkampf, immer im Akkord.

Schlimmer als Fernsehen ist nur noch Kino! Wenn wir in einen Film gehen, den ich vorschlage, dann spüre ich förmlich, wie meine Frau innerlich die Augen verdreht. Ihre Lippen formen lautlos die Worte:

»Immer diese idiotischen Raratata-bumm-Filme.«

Wenn ich sie ausnahmsweise doch einmal überredet haben sollte, rutscht sie auf ihrem Sitz hin und her und seufzt. Gott sei Dank hasst sie Menschen, die im Kino sprechen. Deshalb sagt sie nichts. Das braucht sie auch gar nicht, ich weiß sowieso, was sie sagen würde:

»Findest du den Scheiß wirklich gut?«

Mal im Ernst: Kann ein Mann einen Film genießen, den jemand anderes zeitgleich als Scheiß bezeichnet und das durch Gezappel und Mimik unmissverständlich zum Ausdruck bringt?

»Pah! Wer verdirbt denn hier wem den Spaß? Waren Sie schon mal mit einem Mann in einem großen romantischen Film? Wo Menschen sich lieben, Champagner trinken und aussehen wie Julia Roberts und Richard Chamberlain? Sie können Gift drauf nehmen, dass er ›So 'ne Kacke‹ vor sich hinmurmelt und dann umgehend einschläft.«

»Weil diese Schnulzenstreifen einfach todlangweilig sind. Außerdem ist ein schlafender Sitznachbar sehr viel angenehmer als ein seufzender, der ständig ›Was-für-eine-Brutalo-Scheiße‹ denkt.«

»Ausnahme: Er schnarcht auch noch. Und damit wären wir wieder bei Männern. Sie schnarchen nicht nur jede noch so schöne Kuss-Szene und jeden melancholischen Abschied kaputt, sie haben bei der Auswahl der Kinofilme die Sensibilität von Freddy Krueger. Wenn geballert wird, wenn es Verfolgungsjagden gibt, wenn umgemäht und liquidiert wird, sind die Jungs in ihrem Element. Zwischendurch ein bisschen billiger Sex dazu, und der Film ist gleich noch mal so schön. Männer haben einfach keinen Anspruch an Filme. Sie wollen nur mal ausleben, was sie im echten Leben nicht zustande bringen: Action, Action und noch mal Action.«

MIT DEM WAGEN UNTERWEGS I

Autos sind für Männer offensichtlich eine Fortsetzung der Evolution mit technischen Mitteln. Eigentlich hätten sie gleich mit vier Rädern und Vierfachauspuff zur Welt kommen müssen. Oder besser noch: Frauen müssten so ausgestattet sein! Dann hätte man alles auf einen Streich. Denn so viel ist klar: Mann braucht Auto. Und Männer wissen ja auch alles über das Auto. Im Gegensatz zu Frauen, die verstehen überhaupt nichts davon, vor allem nicht vom Fahren. Oje, dieses Vorurteil werden Männer nie aus ihren Köpfen bekommen. Leider haben sie ja auch teilweise recht, denn viele Frauen lassen sich durch das mangelnde Vertrauen ihrer Männer dermaßen verunsichern, dass sie tatsächlich nicht mehr einparken können.

»Ein Problem, das meine Frau definitiv nicht hat. Mirja ist ein Einpark-Genie! Sie macht das besser als ich.«

»Es sei denn, Sky sitzt daneben. Denn als Beifahrer taugen Männer nicht, und das gilt leider auch für meinen. Es ist schon interessant, wie oft Männer hinter dem Steuer sitzen, wenn Mann und Frau gemeinsam unterwegs sind. Ich schätze, etwa neunzig Prozent. Die Frauen daneben halten sich fest. Müssen sie auch. Denn Männer fahren kriminell. Sie bezeichnen es selbst gerne als sportlich. Sie beschleunigen selbst die ältesten VW-Käfer, bis das Getriebe jault, und gehen mit einer Mittelklasse-Familienkutsche in die Kurven wie Elvis in Indianapolis. Bei solchen und ähnlichen lebensgefährlichen Aktionen bilden sie sich auch noch ein, sie seien die besseren Autofahrer. Und zwar alle! Es gibt auf dieser Welt wohl keinen einzigen Mann, der sich nicht für den weitaus besseren Fahrer hält als alle Frauen, die er kennt. Ein klarer Wahrnehmungsfehler. In Wirklichkeit ist es statistisch erwiesen, dass Frauen weniger Unfälle bauen und dabei auch noch viel weniger Menschen zu Schaden kommen.«

»Frauen lassen keine Gelegenheit aus, darauf hinzuweisen, dass sie viel vorsichtiger Auto fahren. Tatsächlich fahren sie einfach hasenfüßiger. Es kommen auch in der freien Wildbahn erheblich weniger Menschen durch Hasen zu Schaden als durch Tiger.«

»Das ist es! Männer denken, sie müssten sich im Straßenverkehr wie ein Tier benehmen. Das zeigt sich schon bei der Auswahl des fahrbaren Untersatzes. Lassen Sie einen Mann entscheiden, ob er lieber einen schnuckeligen kleinen Fiat will oder einen Porsche – er wird immer den Porsche nehmen. Okay, das würde ich auch. Aber da bin ich vielleicht untypisch.

Frauen sind insgesamt vernünftiger, natürlich auch beim Thema Auto. Sie kaufen nicht einfach irgendein megaheißes Teil und brettern hirnlos damit durch die Gegend. Sie kaufen Autos, die dem Zweck angemessen sind. Passen da Kinder rein? Wie ist das mit der Parkplatzsuche? Was kostet der Spaß? Das sind Fragen, die Männer oft erst nach dem Autokauf stellen – wenn überhaupt. Herren schauen halt auch bei Fahrzeugkarosserien eher auf die Kurven. Und auf die PS-Zahl. Schnell muss der Wagen sein, gut auf der Straße liegen. Und er sollte vor allem den Neid der anderen hervorrufen.«

»Was die meisten Frauen als typisches Machogehabe betrachten, ist eigentlich nichts anderes als ein ausgeprägter Sinn für Geschmack. Es kann doch niemand bestreiten, dass ein Porsche ästhetisch sehr viel ansprechender ist als ein koreanischer Mittelklassewagen. Mein Gott! Wenn Frauen bei Männern so leicht zufriedenzustellen wären, wie sie es bei Autos sind, dann wäre es ein einfaches Zusammenleben! In den Augen der Frauen ist es gut, wenn es vier Räder hat, einen Vorwärts- und einen Rückwärtsgang. Wenn der Kofferraum für ausgiebige Shoppingtouren geeignet ist, ist alles okay. Was braucht sie mehr?

Dabei sind Automobile ein besonderes Symbol für den Stand von Wissenschaft und Technik! Männer wissen so etwas zu würdigen. Vielleicht machen sich viele das nicht bewusst. Aber es ist doch so, dass Männer technische Meisterwerke in ganz anderer Weise zu schätzen wissen als Frauen. Von der Schweizer Uhr sind wir gleichermaßen fasziniert wie vom Atom-U-Boot und empfinden tiefe Bewunderung für die Leistung des menschlichen, meist männlichen Geistes.«

»Das erklärt zumindest, warum Männer meinen, ein Auto müsste wie ein Atom-U-Boot aussehen.«

»Und das wiederum beweist, dass Frauen keine Ahnung haben, wie ein Atom-U-Boot aussieht!«

MIT DEM WAGEN UNTERWEGS II

Gemeinsame Autofahrten sind immer wieder belebende Momente im Ablauf einer Beziehung zu zweit, besonders, wenn sich der Herr der Schöpfung ans Steuer setzt. Von diesem Moment an wächst das Selbstbewusstsein des durchschnittlichen Mannes um die Potenz der Pferdestärken seines fahrbaren Untersatzes.

Apropos Potenz, auch die scheint im direkten Zusammenhang zum Wagen zu stehen. Läuft die Kiste erst mal, kann kaum ein Mann dem Impuls widerstehen, im Leerlauf zwei- bis dreimal das Gaspedal durchzutreten. Ob Trabbi oder Porsche, allein das Geräusch des Motors scheint auf einen Mann am Steuer wie ein Aphrodisiakum zu wirken. Für alle anderen heißt es dann: Vorsicht, Mad Max ist unterwegs!

Aber richtig bunt wird es, wenn die »Kleinen« dabei sind. Beachtet jemand das Tempolimit: »Blindschleiche!« Ist es eine Frau, ergänzt um den Zusatz: »blöde«. Wechselt jemand in die Spur, bevor man selbst vorbei ist: »Vollidiot!« oder wahlweise: »Trottel!« Schafft der Vordermann die Ampel nicht mehr: »Penner!«

Wir Frauen wirken in solchen Momenten beruhigend auf den Mann ein:

»Schatz, jetzt reg dich doch nicht auf. Er fährt halt vorsichtig.«

»Von wegen vorsichtig. Wenn der Knallkopf vorsichtig wäre, dann hätte er seinen Wagen in der Garage stehen lassen. Wer so fährt, gefährdet andere.«

»Schatz, was regst du dich so auf? Der vor dir kann dich eh nicht hören.«

»Ich kann natürlich bei der nächsten Ampel aussteigen und dem Bekloppten da vorne so richtig die Meinung geigen. Hol schon mal den Krankenwagen.«

Apropos Krankenwagen. Neulich musste Sky zum Arzt und bat mich mitzukommen. Seit ich meinen Vater kenne, und den kenne ich schon seit meiner Geburt, weiß ich, dass Krankheiten anscheinend nur für Männer erfunden wurden. Viren, Bakterien und sonstiges Zeug müssen männlich sein, und Gleich und Gleich gesellt sich eben gern. Männer sind immer krank, Männer erfinden nämlich nicht nur neue Autos und Atombomben, sie erfinden auch neue Krankheiten:

»Schatz, holst du mir mal ein Bier, mir ist so schwummrich!«

An alle Mediziner dieser Welt: Es gibt sogar eine Krankheit namens schwummrich.

Doch zurück zu unserer denkwürdigen Fahrt zum Arzt. Kaum saßen wir im Wagen, kam bei Sky das typisch männliche »Doktor-Jekyll-and-Mister-Hyde-Syndrom« zum Vorschein. Das Kinn

Die Frau rät:

Akustischer Kinderschutz

Ich empfehle, vor jeder Autofahrt mit dem Vater den Kindern Kopfhörer mit lauten Kinderliedern aufzusetzen, wenn Sie vermeiden wollen, dass sich deren Sprachgebrauch in kürzester Zeit auf das Niveau eines Höhlenmenschen reduziert. Brummen, Knurren, Stöhnen und Schmatzen sind nur einige der Laute, mit denen man rechnen muss. Und die Beschimpfungen der anderen Verkehrsteilnehmer durch den männlichen Autolenker führen jeden Versuch ad absurdum, den Kindern ein halbwegs kultiviertes Betragen beizubringen.

nach vorne geschoben, ein kaltes, tödliches Lächeln auf den Lippen, ließ er den Motor an und gab Gas. »Schaaaaatz, das Tor ist noch zu!«, stöhnte ich und sah bereits mein Leben wie einen Film vor meinem inneren Auge ablaufen. Da sich das Tor wie immer nur langsam öffnete, erfolgte eine harte Bremsung nach dem Motto: »Heute schon genickt?« und die immer gleiche Bemerkung:

»Dieses verschissene Tor! Das nächste Mal lass ich's einfach offen!«

Eigentlich hatten wir es gar nicht eilig, aber setz' dich mit einem Mann ins Auto, und du kannst förmlich spüren, wie sein Adrenalinspiegel steigt – mit den üblichen Folgen: Gas geben, obwohl die Ampel in nur 50 Metern Entfernung gerade auf Rot gewechselt hat. Scharfe Bremsung, die rechte Hand greift nach dem Handy, der Zeigefinger der linken verschwindet fast bis zum Anschlag im Nasenloch. Die Ampel springt auf Grün, und Milli-

Die Frau rät:

Racheidee für Beifahrerinnen

Wollen Sie Ihrem Mann eins auswischen, sich an ihm rächen, ihn zutiefst demütigen? Dann stellen Sie sich beim Einparken neben den Wagen und dirigieren laut. Etwa so: »Jaaaaa, langsam nach vorne, noch fünf Zentimeter!« Blicken Sie dabei so sorgenvoll wie möglich auf den anderen Wagen. Es muss so aussehen, als wüssten Sie aus Erfahrung, dass Ihr Mann von der Versicherungsgesellschaft bereits wegen diverser Lack- und Blechschäden kräftig heraufgestuft wurde.

sekunden später wird der Vordermann wüst beschimpft: »Penner, beweg deine überdachte Zündkerze, es ist seit 'ner Stunde grün!«

Wir erreichten unser Ziel in der Innenstadt übrigens zur gleichen Zeit wie der 89er Bus, der gerade vorbeifuhr, als wir unser Grundstück verließen, und der zwischendurch noch drei Dutzend Greise und vier Rollstuhlfahrer mitgenommen hatte.

Hektisch wird anschließend ein Parkplatz gesucht und eingeparkt. Ich versuche immer, vor dem Einparken auszusteigen, um mich ein wenig abseits zu platzieren und völlig unbeteiligt zu wirken; ganz so, als gehörten wir nicht zusammen, würden uns nicht einmal kennen.

Nach dem Einparkvorgang geschieht nun etwas für uns Frauen fast Unverständliches. Aus »Mad Max«, alias Schumi, dem motorisierten Mann, wird ein leidender, schwacher, von schwerer Krankheit gezeichneter Mann. Mühsam klettert er aus dem Wagen, schleppt sich zum Arzt, und selbst seine Stimme scheint bei der Anmeldung zu versagen. Doch kaum sitzt er wieder in seinem Gefährt, schießt das Adrenalin zurück in seine Adern.

Hat eigentlich schon irgendwer die therapeutischen Qualitäten des Automobils erforscht? Ich bin der festen Überzeugung, dass man die Heilungsrate der männlichen Patienten signifikant verbessern könnte, würde man schicke Autos oder besser noch Formel-1-Boliden in jeder Intensivstation aufstellen. Die Genesungserfolge wären verblüffend!

GESCHENKE DES HIMMELS?

Wir nähern uns nun einem sehr emotional belasteten Punkt: Geschenke. Geschenke sollten eigentlich nur unter Menschen gleichen Geschlechts und gleichen Alters ausgetauscht werden. Vor allem Männer sollten Frauen nichts schenken. Was sie auch machen, sie machen es falsch.

Kuriose Situation: Meine Frau wünscht sich ein Luxus-Küchen-gerät zu Weihnachten. Das hat sie vermutlich in *Schöner Wohnen* gesehen oder in einer anderen Zeitschrift, in der solche Teile in den Küchen herumstehen und blitzen und blinken. Nicht, dass meine Frau besonders viel kochen würde. Eher im Gegenteil. Aber so ein Küchengerät, das möchte sie schon gerne haben. Ich ziehe also durch die Geschäfte, um das Küchen-monster aufzutreiben (was gar nicht so einfach ist, denn die Dinger sind teuer, und nicht allzu viele Zeitgenossen legen mal eben 500 Euro für ein Rührgerät auf die Theke). Die Auswahl fällt auf das tiefrote, klar, schließlich soll man es dann ja auch wahrnehmen, und meine Frau soll sich möglichst intensiv daran erfreuen, und schleppe die gefühlten achthundert Kilo nach Hause, wo ich das Teil mit einem letzten Aufbäumen meiner armen Bandscheiben auf die Arbeitsplatte wuchte. Okay, das rote war dann nicht das gewünschte Monster:

»Sky, hast du überhaupt keinen Blick für Stil? Unsere Küche ist in Pastell gehalten, da kann man doch nicht ein knallrotes Teil reinstellen!«

Vor allem aber: Als der Weihnachtsabend naht, fragt sie mich mit kleinmädchenhaftem Augenaufschlag:

»Hast du auch ein schönes Geschenk für mich?«

»Ich habe dir doch dieses Küchendings gekauft.«

»Aber das ist doch nicht dein Geschenk, oder?«

»Das hast du dir doch gewünscht.«

»Aber du hast doch noch was anderes für mich, oder? Ich meine, du wirst mir doch zu Weihnachten keinen Mixer schenken!«

»Einen Mixer? Wenn ich die Beschreibung richtig gelesen habe, dann ist eine punktgenaue Mondlandung so ziemlich das Einzige, was das Ding nicht kann.«

»Heißt das, du hast nichts zu Weihnachten für mich?«

»Hör mal, das ist ein 500-Euro-Gerät mit allen Schikanen. So ein Luxus-Teil hat nicht mal meine Mutter. Und du kennst sie ...«

»Lass deine Mutter aus dem Spiel! Ich finde es ziemlich traurig, dass du zu Weihnachten nicht an mich gedacht hast.«

»Aber das habe ich! Jede einzelne meiner Bandscheiben hat ebenfalls an dich gedacht!«

(Unter Tränen:) »Und ich habe mir so schöne Dessous gekauft.«

Zugegeben: ein Fall von Glück im Unglück ...

Neulich feierte ich einen schrecklichen runden Geburtstag. Passend wäre nahezu jedes Geschenk gewesen, das die Funktion eines Strickes, einer Giftampulle oder eines ähnlichen Hilfsmittels für Selbstmordwillige erfüllt.

»Du mit deinem Alter. Meine Güte, wir werden alle älter.«

»Ja, aber der Unterschied ist, dass du mit deinen paarunddreißig Jahren mit kleinsten Winzlingsschritten auf das Alter zuschlenderst und ich mit meinen paarundsechzig geradezu im Sauseschritt auf die Senilität zustürme.«

»Nun komm schon zum Thema Geschenke. Was gibt's denn da schon wieder zu meckern? Euch Männern kann man mit geistig anspruchsvollen Geschenken doch nur ein müdes Gähnen entlocken.«

»Wenn du auf das Geschenk zu meinem Sechzigsten anspielst, muss ich dir recht geben. Selbst eine Gehhilfe oder ein Korsett hätten es nicht besser treffen können.«

»Nun muss ich dem neutralen Leser einmal berichten, was ich dir geschenkt habe. Ich hatte im Internet ein Buch bestellt, das extra für dich geschrieben wurde. Alle Personen deines Umfeldes, deine Familie, die Kinder und so weiter musste ich mit Alter, Verwandtschaftsverhältnis und Bedeutung angeben, und sie wurden sämtlich in dein ganz persönliches Buch mit eingebaut. Das ist doch eine einmalige Idee!«

»Toll, bereits auf Seite drei hatte ein Massenmörder sieben Leute aus meinem Bekanntenkreis niedergemetzelt.«

»Was kann ich dafür, dass dieser Serienkiller ausgerechnet dein Bruder war?«

»… und meine arme Cousine war ein nymphomanischer Zwerg, der sich für wenige Groschen den Männern hingab.«

»Meine Güte, bist du pingelig, ist doch nur ein Buch!«

»In dem allerdings alle deine Verwandten Helden waren oder mindestens kurz vor der Heiligsprechung standen. Abgesehen davon war das Buch lausig geschrieben, total billig!«

»Du mit deinem literarischen Anspruch. Die Geschichte war voller Romantik und Liebe, aber das sind Emotionen, die euch Männern völlig fremd sind.«

»Ja, ja, ich weiß, der Massenmörder spricht ganz dafür. Kommen wir doch zu deinem zweiten Geschenk: ein Stern. Toll, ein originelles Geschenk. Da es ja nur eine limitierte Anzahl von Sternen gibt, bin ich froh, dass einer von den paar wenigen am Himmel jetzt mir gehört!«

»Dir fehlt der Sinn für das Besondere, Außergewöhnliche.«

»Ich bin nun mal ein Mann, und Männer tun sich eben schwer mit Geschenken, die man nicht fahren, trinken oder poppen kann.«

»Ach, dann wäre dir wohl lieber gewesen, wenn ich mir zu deinem Geburtstag Reizwäsche gekauft hätte?«

Der Mann rät:

Schenken Sie niemals Haushaltsgeräte

Geschenke für Frauen sollten funkeln oder zumindest gut riechen. Auch die Verpackung ist äußerst wichtig. Ist diese aufwendig und teuer gestaltet, kann eigentlich nichts mehr schiefgehen. Nur wenige Dinge können dann noch ein tränenersticktes, überaus gerührtes »DANKE« verhindern. Eines dieser wenigen Dinge ist, wenn sich der Inhalt des glitzernden Paketes als Küchen- oder Haushaltsgerät entpuppt.

»Absolut, wenn du dich damit in die Küche gestellt ... oder mit Strapsen gestaubsaugt hättest ... Der Fantasie sind da keine Grenzen gesetzt. Es ist gesund, macht Spaß und bleibt einem in schöner Erinnerung. Außerdem hätte es den Gedanken an den Geburtstag verdrängt. Vor allem an die Zahl, die da gefeiert wurde. Sex hält obendrein bekanntlich jung!«

»Männer sind so primitiv! Sex ist Sport, schon klar. Und Geschenke dürfen gerne ›sportlich‹ sein. Am liebsten wäre es dir wahrscheinlich gewesen, wenn ich dir ein Jahresabo für alle Spiele des FC Bayern geschenkt hätte.«

»Na, das wäre doch mal ein praktisches und äußerst bewegendes Geschenk zu meinem runden Geburtstag gewesen!«

»Bewegend??«

»Natürlich! Fußball, das bedeutet Emotionen pur. Tränen der Freude nach dem Meistertitel, Gänsehaut bei Torszenen, kalte Schauer des Entsetzens, wenn der Gegner fünf Minuten vor Schluss das Führungstor erzielt, und am Schluss, wenn sich wildfremde Menschen vor Freude über den dann doch noch gelungenen Sieg beim Abpfiff schluchzend vor Glück in den Armen liegen!«

Es ist nun mal so, dass sich die Gefühlswelten von Männern und Frauen auf verschiedenen Ebenen befinden. Und so verschieden sind auch die Reize, die diese Gefühle auslösen.

Ich kannte ein seit 25 Jahren glücklich verheiratetes Ehepaar. An Weihnachten schenkte der unglückselige Mann seiner Frau den berühmten Bügelautomaten »Laurastar«. Am 7. Januar reichte sie die Scheidung ein. Bis heute hat der geschiedene Ehemann noch immer nicht begriffen, was er damals falsch gemacht hatte. Seine Frau hatte ihm doch dieses Wundergerät in Werbeanzeigen mehrmals begeistert gezeigt.

Ich bin sicher: Hätte er damals seiner Frau beispielsweise die DVD-Edition »Nur die Liebe zählt« mit Kai Pflaume geschenkt und mit einem Goldstift (ganz wichtig, Gold zieht immer!) auf die DVD-Hülle geschrieben: »Ich bin für immer Dein! Dein Dich liebender Schnurzelpurzel«, die beiden wären noch heute ein glückliches Paar. Nebenbei bemerkt, das Geschenk hätte nur einen Bruchteil gekostet, denn der Bügelautomat war keineswegs billig und besaß auch sonst – neutral betrachtet – eine Menge Vorzüge. Bügeln leicht gemacht, schneller, praktischer; kein vernunftbegabtes Wesen kann einen Bügelautomaten schlecht finden. Nur Frauen.

»Die Frau hatte vollkommen recht. Wie kann man nur einen Bügelautomaten schenken?«

Nein, wir Frauen schwimmen gerne auf einem Meer der Gefühle. Es ist nicht unbedingt der Wert des Geschenks, der uns begeistert, sondern auch seine Präsentation und die Verpackung. Aber wer je einen Mann beobachten durfte, wie er ein solches Geschenk zu verpacken sucht – welche unglaublichen Verrenkungen, wie viele Kilometer von Tesafilm und Papier er dabei verbraucht, um dann die wahre Missgeburt eines Päckchens vorzuweisen – der wird sehr schnell begreifen, warum wir Frauen uns nach diesen vielen Enttäuschungen von unseren sehnlichsten Wünschen verabschieden mussten, um uns heute nur noch auf den Inhalt eines solchen Päckchens zu konzentrieren. (Geschenke verpacken sollte für Jungs in der Schule ein verpflichtendes Fach werden. Das würde überhaupt die feinmotorischen Mängel der männlichen Bevölkerung ein wenig abmildern.)

Unsere Ansprüche sind nun mal emotional orientiert. Ein Gedicht oder eine schlichte ins Herz gehende, romantische Musikkomposition würden da eigentlich schon genügen. Aber Männer sind leider nicht nur feinmotorisch, sondern auch gefühlsmäßig

Die Frau rät:

Bei Schmuck grundsätzlich eine Nummer größer nehmen!

Hier kommt es ganz entscheidend auf den Wert des Geschenkes an! Nichts ist demütigender, als zu wissen, dass er auch einen sehr viel wertvolleren und echten Stein hätte kaufen können, aber dass sie ihm so viel dann doch nicht wert war. Männer, kauft anständige Juwelen, stürzt euch in Unkosten, ruiniert euch, wenn es sein muss, aber schenkt uns nie, nie, nie einen Zirkonia-Brummer!

Krisenbewältigung: Im Sturm des Lebens

vollkommen unterentwickelt, und so mussten wir Frauen uns über die letzten tausend Jahre dem Materialismus des anderen Geschlechts anpassen. Zur Not tut es also auch ein funkelnder Stein oder ein anderes Schmuckstück.

Die Evolution hat uns eben gelehrt, uns mit eurer Fantasielosigkeit zu arrangieren. Aber auch eine kleine Luxusreise erfreut uns, wobei die Betonung auf Luxus ganz allgemein nicht unterschätzt werden sollte.

Im Grunde ist es ganz leicht, uns zu beschenken: Das Geschenk muss traumhaft schön sein, sehr wertvoll, toll präsentiert werden und jede andere Frau vor Neid erblassen lassen.

Der Mann rät:

Sofortiger Erfolg mit Damenoberbekleidung

Und hier noch ein guter Rat, der Beziehungen retten kann: Sollten Sie ihr Kleidung schenken (was ein gewisses Risiko in sich birgt), sind Sie äußerst gut beraten, das Etikett der Kleidergröße 46 mit dem Etikett der Größe 34 auszutauschen. Dies setzt zwar voraus, dass Sie das Kleidungsstück zweimal erwerben, aber der Erfolg ist garantiert. Und welcher Mann wünscht sich das nicht? Die verzückten Schreie: »Es passt, oh mein Gott, es passt!« verlangen nach einer Belohnung, die Sie sich vermutlich sofort abholen dürften!

WOHLFÜHLEN FÜR MÄNNER

Natürlich lieben Sie Ihren Mann und wünschen sich für ihn nur das Beste. Was Sie sich selber vielleicht gar nicht so richtig bewusst machen: Sie können etwas dazu beitragen! Jede Frau sollte von Zeit zu Zeit ein kleines Wohlfühlprogramm für ihren Mann einplanen. Das trägt zur Entspannung in der Partnerschaft bei und gibt beiden ein gutes Gefühl. Und es ist gar nicht so schwer! Männer sind im Grunde genügsam – und vor allem: Sie sind berechenbar!

Es gibt zwei Arten von Wohlfühlprogramm, mit denen Sie Ihren Mann wirklich verwöhnen können:

1. **Das Ohne-Frau-Wohlfühlprogramm**

2. **Das Mit-Frau-Wohlfühlprogramm**

Ohne-Frau-Wohlfühlprogramm? Aber ja. Machen wir uns nichts vor: Männer entspannen sich großartig, wenn mal keine Frau in der Nähe ist. Sie müssen nicht auf ihre Manieren achten, nicht auf die Kleidung schauen, sie werden nicht ständig erzogen und angenörgelt und können all das tun, was Männer eben gerne tun. Das Ohne-Frau-Wohlfühlprogramm beginnt damit, dass Sie Ihrem Mann mal ein paar Stunden Zeit geben, ihm vor allem keine Aufgaben übertragen, sich am besten überhaupt nicht um ihn kümmern, sondern vielleicht nur den Kühlschrank gut füllen (bitte mit nicht allzu viel gesundem Zeug) und ihn ein paar Freunde zu einem vergnüglichen Abend einladen lassen. Samstagnachmittag oder -abend eignet sich gut, denn da gibt es Fußball im Fernsehen. Falls Sie Kinder haben: Scheuchen Sie sie aus dem Haus (spendieren Sie ihnen ein paar Kinokarten und einen Besuch bei McDonald's). Räumen Sie alle Vasen weg, die umkippen könnten, am besten Sie selbst gehen shoppen, dann kann im

Grunde nichts passieren, was das Wohlfühl-Programm beeinträchtigt (vorausgesetzt, Sie machen nicht hinterher alles zunichte, indem Sie Quittungen präsentieren, die den Kreditkartenrahmen sprengen).

Das *Mit-Frau-Wohlfühlprogramm* ist ebenfalls ganz einfach: Nehmen Sie sich einfach vor, Ihren Mann einmal so zu nehmen, wie er ist. Freuen Sie sich, wenn er nach Hause kommt (und zwar so, dass er es hört)! Kochen Sie ihm was Gutes (nicht zu kompliziert; ein Schnitzel kommt immer besser an als Hummercremesuppe mit Kresseschäumchen und Croissant-Croutons). Verführen Sie ihn, und tun Sie das ganz eindeutig (Männer mögen ja Sex am liebsten als Sex und nicht als »Erotik« mit viel Trallala und Zweideutigkeiten). Kuscheln Sie ihn anschließend nicht zu Tode, sondern gönnen Sie ihm einen erquicklichen Schlaf und am allerbesten noch ein geniales Frühstück (ein paar schöne Spiegeleier mit Speck, starken Kaffee und was Süßes zur Kräftigung). So starten Sie beide garantiert in einen sensationellen Tag!

Am allerbesten wäre natürlich eine Kombination aus Wohlfühlprogramm 2 und Wohlfühlprogramm 1, idealerweise in dieser Reihenfolge. So macht man Männer glücklich!

WOHLFÜHLEN FÜR FRAUEN

Wie man an Skys Text sieht, sind Männer glücklich, wenn man sie sich mit ungesundem Zeug vollstopfen und hirnlose Dinge tun lässt, sie anschließend bis zur Besinnungslosigkeit vögelt und morgens wieder vollstopft. Männer kennen eben keinen Unterschied zwischen Wohlfühlprogramm und Sau-Rauslassen. Frauen sind da anders. Um es ganz klar zu sagen: Auch Frauen lieben hin und wieder direkten Sex, hauen sich gern den Magen voll und hängen vor dem Fernseher ab. Vom Freundinnen-Treffen ganz zu schweigen. Aber ein echtes Wohlfühlprogramm sieht anders aus.

Für Frauen gibt es:

1. Das Ohne-Mann-Wohlfühlprogramm

2. Das Mit-Mann-Wohlfühlprogramm

Zu beiden Programmen: Wenn Sie Ihre Frau mal richtig verwöhnen wollen, dann machen Sie sich am besten vom Acker. Männer nerven. Sie sind laut, anstrengend, unverbesserlich – und sie zerstören garantiert jede Erholung! Welche Frau kann sich schon entspannen, wenn der Mann mal wieder nichts im Kühlschrank findet, über die Benzinpreise flucht oder ständig auf die Fernbedienung lauert, um irgendetwas unendlich Peinliches herzuschalten. Nein, Männer sind für Frauen ein natürliches Anti-Wohlfühlprogramm. Am besten, Sie checken die Deckung Ihrer Kreditkarten, überreichen Sie Ihrer Frau, lassen ihr ein Taxi kommen und sagen dem Fahrer: »Zur Kö, bitte« oder wahlweise »In die Maximilianstraße«, oder wo immer in Ihrer Gegend die besten und teuersten Geschäfte sind. Und dann denken Sie nicht weiter nach. Wenn Sie richtig gut sind, stecken Sie Ihrer Frau in die Handtasche noch einen Zettel, auf dem steht: »Was immer Du tust, ich verzeihe Dir!« Sie glauben gar nicht, wie gut Frauen unter diesen Umständen für ihr Verwöhnprogramm selbst sorgen können.

Wenn Sie sich unbedingt selbst einbringen wollen, dann gibt es auch dafür ein paar Möglichkeiten. Allerdings empfehle ich den meisten Männern: Auch wenn Sie es gut meinen, kochen Sie nicht! Es führt in der Regel direkt in die Katastrophe. Die Ergebnisse gehören häufig auf den Warn-Index des Bundesgesundheitsministeriums, und die Küchen muss man anschließend nicht selten vom Sperrmüll abholen lassen. Von Wohlfühlen kann also keine Rede sein. Vielleicht gibt es ja einen guten (!) Chinesen in der Nähe, der auch nach Hause liefert. Wenn Sie nur Mr. McFat oder Kung-Fu-Speedy in der Gegend haben, verzichten Sie darauf. Ebenso auf den Pizzaservice. Das bringt nichts außer Enttäuschung und Frust.

Anders als Männer gehen Frauen gerne aus. Am liebsten übrigens schick und fein. Also: Werfen Sie sich in Schale, führen Sie Ihre Frau ganz vornehm zum Essen aus, fahren Sie mit dem Taxi, dann ersparen Sie Ihrer Frau den Beifahrer-Herzinfarkt wegen Rasens und den Ärger über Ihre Wortwahl für die anderen Verkehrsteilnehmer. An lauen Sommerabenden gehen Sie noch ein wenig mit ihr in der Innenstadt spazieren, gucken Sie Schaufenster, werfen Sie auch mal etwas ein wie: »An dir würde dieses Kleid ganz sicher wundervoll aussehen, Schatz.« Wenn Sie dann nach Hause kommen und in den Augen Ihrer Frau das Schimmern einer gewissen Bereitschaft sehen, dann tragen Sie sie auf Händen ins Schlafzimmer. Das ist für sie umwerfend romantisch und trägt ein wenig dazu bei, dass Sie es im Folgenden etwas langsamer angehen lassen. Denn es ist kein Wohlfühlprogramm, wenn einfach ruck, zuck gepoppt wird. Nein, jetzt sollte der leidenschaftliche Liebhaber in Ihnen zum Vorschein kommen. Und das heißt: der zärtliche, der Verwöhn-Liebhaber. Denn anders als bei Männern ist Erotik für Frauen nicht das Gegenteil von Sex, sondern das Gewürz, das erst das gewisse Etwas bringt.

Ach ja, die Idee mit dem Frühstück am nächsten Morgen ist nicht schlecht. Für mich bitte frisch gepressten Orangensaft, ein Croissant und einen großen Milchkaffee. Gerne auch mit sanfter Musik serviert. Und am liebsten im Bett.

KÖRPERPFLEGE

»Ein ganz heikles Thema. Lassen wir den Aspekt der mangelnden Körperpflege mal beiseite, wir kennen ja sicherlich alle ausschließlich gepflegte Frauen und Männer.«

»Naja.«

»Doch, doch! Männer sind in puncto Körperpflege sicher einfacher gestrickt als Frauen, aber deshalb sind sie nicht weniger gepflegt. Nur: Wozu eine Frau drei Stunden braucht, das erledigt ein Mann in fünf Minuten.«

»So sieht es dann auch aus. Ich sage nur: Welcher Mann pflegt seine Füße ordentlich? Wo sind sie, die männlichen Pedikürten dieser Welt? Wenn es hoch kommt, dann reicht es zum Nägelschneiden – wobei es sich merkwürdigerweise nie vermeiden lässt, dass die abgetrennten Rest-Fußnägel irgendwo auf dem Teppich landen.«

»Und du benutzt immer meinen Rasierer, um dir deine Beine und Achseln zu glätten. Das finde ich eklig, wenn ich dann damit in mein Gesicht gehe!«

Das Paar rät:

Schnelle Grundpflege für Eilige

Duschen, eincremen, frische Wäsche anziehen. Erstes Upgrade: zusätzlich föhnen, rasieren und Deo verwenden, zweites Upgrade: obendrein Nägel kürzen, Haare kämmen und hinterher im Bad das Licht ausmachen.

»Ach, eklig findest du das? Ich finde ganz andere Dinge, die du machst, eklig!«

Nun, wir breiten am besten den Mantel des Schweigens über die jetzt einsetzenden, sehr persönlich werdenden Vorwürfe.

DER KRANKE MANN

Es ist einfach nicht wahr, dass Frauen sensibler und zartfühlender sind als wir Männer. Ein Gerücht, das sich seit Jahrtausenden hartnäckig gehalten hat. Ein Beispiel: Wir Männer empfinden Krankheiten sehr viel intensiver als die Vertreterinnen des weiblichen Geschlechts. Das liegt daran, dass unsere Sinne um einiges schärfer sind als die der Frauen. Wir Männer schmecken, fühlen, riechen einfach mehr. Sie glauben mir nicht?

Sind nicht alle berühmten Köche Männer? Alle Parfümeure? Wie viele weibliche Sommeliers kennen Sie? Auch nach dem Sport riechen wir Männer intensiver als Frauen. Fahren Sie doch mal an einem heißen Tag Bus oder Straßenbahn.

Aber zurück zu den Krankheiten. Es war an einem verregneten Wochenende, als ich bemerkte, dass eine schwere Grippe in meinen Körper Einzug gehalten oder, präziser, von mir Besitz ergriffen hatte. Mirja wollte dieses Unheil, das in mir schlummerte, nicht wirklich ernst nehmen. Lapidar und grausam (ja, so sind sie, die Frauen, ein weiterer Beweis dieser mangelnden Empfindsamkeit) meinte sie nur: »Leg dich hin und trinke Tee!« Sie weiß genau, dass ich Tee hasse!

Verlassen und förmlich ausgestoßen, schleppte ich mich ins Schlafzimmer und legte mich ins Bett. Zwar fühlte ich noch keine Symptome wie Kratzen im Hals oder einen Fieberanfall, der mich ohne Zweifel bald ergreifen würde, aber sicher ist sicher. Verzweifelt nahm ich es zur Kenntnis: Mirja schien die Tatsache einfach zu ignorieren, dass jährlich Milliarden Menschen an Grippe elendig zugrunde gehen – wahrscheinlich ausschließlich Männer!

Nun gut, wir Männer sind keine Weicheier. Ich würde dieser Grippe mutig begegnen, und wenn es das Letzte war, was ich tat. Ich sah Mirja bereits schluchzend an meinem Grab stehen. Voller Reue, mir in diesen schweren Stunden nicht zur Seite gestanden zu haben. Allein und ohne mich, ganz in Schwarz gekleidet – was ihr allerdings sensationell gut steht und sie ungemein sexy wirken lässt.

Diese Vorstellung brachte augenblicklich meine Hormone in Wallung, und ich fühlte, wie langsam die ersten Fieberwellen meinen Körper schüttelten. Sekunden später hatte die Krankheit meine Atemwege erreicht. Röchelnd lag ich auf der Seite. Jeder Atemzug fiel mir zunehmend schwerer, aber just in diesem Moment nahte Hilfe, sicher meine geliebte Frau! Ja, sie würde bis zum bittereren Ende an meiner Seite wachen, meine Hand halten bis zum Schluss. Und tatsächlich, es war Mirja, die ins Zimmer kam. Aber anstatt sich zu mir zu setzen, hielt sie sicheren Abstand:

»Ich will mich nicht anstecken, falls du wirklich eine Grippe bekommst. Ich gehe jetzt mit Alexandra ins Kino, in den neuen Film mit Brad Pitt.«

Sprachlos ob dieser Gefühlskälte sank ich zurück in meine Kissen, als mich eine weitere Fieberwelle überrollte. Mirja sah auf das Thermometer.

Krisenbewältigung: Im Sturm des Lebens

»Meine Güte, ist hier eine Hitze! Du hast schon wieder vergessen, den Thermostat reparieren zu lassen, hier sind's 28 Grad!«

Ohne mich eines weiteren Blicks zu würdigen, riss sie beide Fenster auf, fragte mich noch, ob ich nun doch einen Tee wolle, und als ich mit letzter Kraft verneinte, verließ sie das Zimmer.

Und nun? Zweifeln Sie noch immer an meiner eingangs aufgestellten These, dass Frauen viel weniger sensibel sind als Männer? Wenn doch, sind Sie eindeutig eine Frau. Wahrscheinlich haben Sie nicht einmal beim Lesen Mitleid mit dem armen Mann, der seinem Ende entgegenvegetiert, während seine Frau sich anschickt, eine große Sause zu machen und teenagermäßig einen Hollywood-Star anzuhimmeln.

Frauen können das: eiskalt ihr Ding durchziehen. Ohne Rücksicht auf Verluste. Vor allem auf männliche. Wenn ich es mir recht überlege, müssten eigentlich alle Mafia-Filme rein weiblich besetzt sein.

Die Frau rät:

Keine Panik

Ihr Mann sagt, er könne nicht mehr aufstehen? Jede Bewegung tue ihm weh und seine letzte Stunde sei gekommen? Er verlangt nach Stift und Papier, um seinen letzten Willen niederzulegen? Bleiben Sie ruhig. Wahrscheinlich sind es nur Blähungen oder ein leichter Schnupfen.

Ach, Sie wollen wissen, wie die Geschichte ausging? Nun, es kam, wie es kommen musste: Bar jeder Hoffnung schleppte ich mich zum Fenster und atmete tief durch. Glücklicherweise hatte ich noch keine Gliederschmerzen. Aber wahrscheinlich war dies ein neuer, viel gefährlicherer Grippevirus, der die Menschheit ohne Gliederschmerzen dahinraffen würde. Ich hatte erst kürzlich gelesen, dass es ständig neue, mutierte und tödliche Viren gab. Vielleicht ein Virus, der aus einem russischen Labor entkommen war? Wer braucht heute noch Atombomben, wenn ein kleiner Virus diese tödliche Arbeit viel gründlicher und lautloser erledigen kann?

Ich schloss die Fenster und zog die Vorhänge zu. Ich konnte mich nicht erinnern, ob Viren Licht brauchten, um ihre fatale Wirkung zu entfalten.

Mit letzter Kraft legte ich mich wieder ins Bett. Und da passierte es. Wie ein Blitz fuhr es mir in die Knochen: Heute war das Pokalendspiel Bayern gegen Schalke! Das Spiel wurde im Fernsehen übertragen! Und Mirja war im Kino, also nicht im Haus!

Hatten wir noch kaltes Bier im Kühlschrank? Und genügend Chips? Ich musste unbedingt Lothar anrufen, vielleicht würden wir das Spiel gemeinsam ansehen. Ein Blick auf die Uhr, der Sprint zum Telefon. Vergessen waren Atembeschwerden und Fieberwellen.

Sie halten das für einen Fall von geschlechtstypischer Hypochondrie? Das Gegenteil trifft zu: Sehen Sie, diese Geschichte ist ein Beweis für die überirdisch starke Sensibilität von uns Männern. Die Bestätigung dafür, dass der Geist (natürlich nur der des Mannes!) über den Körper und jede noch so gefährliche Krankheit zu siegen imstande ist. Andernfalls wären ja alle Frauen auch längst Witwen.

AUSFLÜGE

Neulich beschlossen Mirja und ich (um ehrlich zu sein, war es Mirja), gemeinsam in die Stadt zu fahren. Nachdem unser letzter Stadtausflug schon einige Zeit her war, hatte mein männliches Kleinhirn diese unangenehme Erinnerung bereits von der Festplatte gelöscht. Mirja wollte unbedingt mit ihrem kleinen Zweisitzer-Cabrio-Flitzer fahren. Den hatte sie sich Anfang des Jahres gebraucht gekauft. Ich bitte Sie: Wir haben zwei kleine Kinder, und die Vergangenheit hat uns gelehrt, dass alle Frauen die Sportwagen ihrer Männer vehement ablehnen und darauf bestehen, dass diese im Sinne der Familienplanung sofort verkauft werden! Welche Schmerzen sie uns damit bereiten, ist ihnen vollkommen gleichgültig. Nicht einmal den Einwand »der hat ein riiiiesiges Handschuhfach« lassen sie gelten. Stattdessen setzen sie kaltblütig andere Argumente ein:

Die Frau rät:

Emanzipieren Sie sich!

Warum sollen sich Frauen immer nur mit praktischen Familienkutschen abfinden, während Männer ungeniert ihre Träume ausleben? Lassen Sie sich das nicht bieten, meine Damen! Setzen Sie ein Zeichen und wählen Sie ihren fahrbaren Untersatz mit Lust und Genuss aus – wie jede neue Handtasche auch.

»Du nimmst unsere Beziehung nicht wirklich erst. Wenn du mich liebst, willst du mit mir viele Kinder, und die passen nicht in so einen Sport-Kleinwagen. Außerdem ist der doch nur gut zum Aufreißen von irgendwelchen billigen Schlampen!«

Mittlerweile glaube ich, dass diese Begründung nur vorgeschoben ist. Frauen sehen einen kleinen Wagen, und sofort funkt das weibliche Hirn: »Zu klein zum Shoppen! Wo sollen die ganzen Tüten und Pakete hin?«

So läuft das normalerweise. Und was tut meine Frau? Kauft sich einen Sportwagen!

Also zwängte ich mich in Mirjas rollende Sardinenbüchse, und wir düsten los. Nachdem ich nicht am Steuer saß, hatte ich genügend Zeit, die Fahrer anderer Wagen zu beobachten. Haben Sie schon mal an einer Ampel nach rechts oder links auf die neben Ihnen wartenden Fahrer gesehen? Frauen schminken sich, zupfen sich Augenbrauen aus und kontrollieren ihre Frisur. Die Rotphase kann ihnen gar nicht lang genug dauern.

»Männer dagegen sind da viel einfallsloser. Da wird gern in allen sichtbaren Körperöffnungen gepult, vornehmlich in der Nase.«

Da soll noch mal jemand sagen, wir seien nicht Multitaskingfähig. Ich habe Männer gesehen, die haben im selben Augenblick in der Nase gebohrt, geraucht und telefoniert! Gleichzeitig haben sie meiner Frau lüsterne Blicke zugeworfen, als würde ich, der grauhaarige ältere Herr auf dem Nebensitz, gar nicht existieren. Wahrscheinlich hatten sie meinen leidenden, schmerzerfüllten Gesichtsausdruck (aufgrund meiner malträtierten Bandscheibe neige ich manchmal dazu) gesehen und waren davon ausgegangen, dass diese junge Frau ihren kurz vor dem Exitus stehenden Ururgroßvater zur Notoperation ins Krankenhaus oder gleich auf den Friedhof transportierte.

Je mehr wir uns der Stadt näherten, umso mehr überraschte mich die Tatsache, dass Mirja alle Abkürzungen und Schleichwege kannte – zumindest die, die zu den schicken Läden in der Innenstadt führten.

»Du fährst wohl öfters in die Innenstadt?«

»Wieso? Ich habe einfach einen guten Orientierungssinn.«

Es erscheint mir immer wieder wie ein Wunder, mit welcher Sicherheit Frauen die geografische Lage von Schuhläden und Ähnlichem instinktiv erahnen und den direkten Weg dorthin finden. Da fragen sich Forscher heute noch, wie Störche oder Wildgänse sich auf ihrem Weg in den Süden orientieren, aber was Frauen an einkaufsoffenen Samstagen oder Sonntagen so leisten, hat noch nie jemand hinterfragt.

Mittlerweile war meine Bandscheibe gefühllos geworden. Ob es vielleicht daran lag, dass die Schmerzen in meinem Trommelfell aufgrund der lauten Housemusic, die aus den 200-Watt-Lautsprechern dröhnte, das Rebellieren meiner Bandscheibe zudeckte, vermag ich nicht zu sagen.

»Glaubst du denn, dass wir einen Parkplatz finden?«, brüllte ich.

»Move-it, move-it.«

Meine Frau sang vor sich hin. Ich vermute, sie hatte mich nicht gehört oder schlicht verdrängt. Plötzlich sah ich rechts einen Parkplatz und signalisierte dies unter Einsatz beider Arme. Im Übrigen waren meine Arme die einzigen Körperteile, in denen noch ein bisschen Leben zu sein schien.

Das bekam sie mit. Der Blick in den Rückspiegel und der Tritt auf die Bremse waren eins. Eine gefährliche Aktion, denn es waren viele Wagen hinter uns. Die hatte sie jedoch wahrscheinlich gar nicht bemerkt, da sie vor einigen Minuten den Rückspiegel verstellt hatte, um sich die Lippen nachzuziehen.

»Der Parkplatz ist viel zu klein. Da passt ja nur ein Winzauto rein!«

»Schatz, du hast ein Winzauto!«

»Okay, wenn du so schlau bist, park du doch da ein.«

Schon hatte sie die Handbremse angezogen und schwang sich aus dem Wagen.

Was nun geschah, wäre eigentlich ein Fall für den Europäischen Gerichtshof für Menschenrechte. Unter unglaublichen Schmerzen und körperlichen Verrenkungen wand ich mich aus dem Schrumpfcabrio (das, wie mir schien, während der Fahrt noch kleiner geworden war). Da ich leider vergessen hatte, den Sicherheitsgurt zu lösen, fiel ich fast auf die Straße und schleppte mich zur Fahrerseite, um mich dort erneut in diese Folterkammer zu falten. Ich muss einen so bemitleidenswerten Anblick geboten haben, dass nicht ein einziger Fahrer der hinter uns stehenden Autos hupte. Noch heute bin ich froh, dass niemand den Notarzt rief.

FAMILIENAUSFLÜGE

Aber wenn erst die »Kleinen« dabei sind, wird es richtig lustig. Das Ganze fängt meist damit an, dass meine Frau sagt:

»Mach du doch schon mal die Kleinen fertig, ich geh noch mal rasch ins Bad.«

Ich schwöre, ich falle jedes Mal darauf herein! Obwohl ich es in dem Moment schon weiß: Sie wird uns wieder warten lassen.

Also trödle ich erst noch ein wenig herum, gebe den Kindern einen Keks, sehe mir im Fernsehen die Fußballergebnisse an, checke die E-Mails, räume das Zeug, das in der Küche herumsteht, in die Spülmaschine, mache ein Nickerchen, lese endlich »Krieg und Frieden« zu Ende –, und erst dann ziehe ich die Kinder an, schlüpfe selbst in Jacke und Schuhe und trolle mich mit den Kleinen zum Auto. Wir parken aus, fahren vors Haus. Und warten. Die Kinder quengeln, das Radio spielt auf jedem Sender einen Song, der mindestens zweien im Wagen nicht passt, die Nachbarn gucken uns von den Küchenfenstern aus zu, Passanten zücken schon mal das Handy, weil da ein Mann mit zwei brüllenden Kindern im Auto sitzt, die er entweder entführt hat oder sonst irgendwie quält (sonst würden sie ja nicht so brüllen). Und dann, nach mehreren Nervenzusammen- und Wutausbrüchen, gestrichenem Taschengeld, Hausarrestandrohungen und noch mehr grauen Haaren, kommt sie endlich: meine Frau. Schwebt aus dem Haus wie ein Engel und setzt sich, in eine wunderbare Duftwolke gehüllt, an meine Seite.

Ein Rat an alle Männer: Wenn Ihre Frau sich »kurz« ins Bad zurückzieht, drängen Sie sie nicht, sondern nutzen Sie die gewonnene Lebenszeit einfach sinnvoll. Lernen Sie Schach, Geige oder Chinesisch.

> **Der Mann rät:**

Müssen wirklich alle mit?

Wenn Sie einen Familienausflug machen, lassen Sie die Kinder lieber zu Hause. Oder Ihre Frau. Am besten, Sie lassen alle beide zu Hause. Dann kann es wenigstens eine erholsame Tour werden.

»Und, warum fahren wir nicht?«

»Mirja, wir warten hier seit Stunden!«

»Ich hab doch gesagt, ich muss noch mal rasch ins Bad.«

»Stimmt. Du sagtest *rasch*.«

»Na also. Können wir jetzt?«

Interessanterweise sind die Kinder ja in diesem Augenblick prompt still. Sie wissen schon, dass es Stress gibt, wenn sie Mami nerven. Leider wissen sie auch, dass Papa es aus lauter Gutmütigkeit mit den angedrohten Strafen nie so richtig ernst nimmt.

»Das ist keine Gutmütigkeit, das ist mangelnde Konsequenz. Männer machen es sich halt gerne leicht.«

»Stimmt. Aber dadurch machen wir es auch anderen leicht.«

»Das ist eine äußerst kurzfristige Betrachtungsweise. Wer Kinder nicht erzieht, macht es sich selbst und den Kindern zunächst zwar leicht, später hat man dafür umso mehr Ärger.«

Eine Fahrt mit Kindern und Ehefrau im Auto ist ungefähr so entspannend wie ein Flug mit Apollo 11. Nur die Chancen, dass man heil wieder zurückkommt, sind ungleich geringer. Es ist ja klar, dass Kinder schon nach der ersten Ampel fragen, wann man endlich da ist. Allgemein bekannt ist außerdem, dass Frauen »nicht an dieser ekligen Autobahnraststätte« halten wollen, aber ganz sicher erst recht nicht irgendwo auf der Strecke.

»In der Pampa? Sag mal, spinnst du? Hier kann mir jeder zuschauen.«

»Ist doch keiner da.«

»Jetzt nicht. Aber ich weiß genau, in dem Moment, in dem ich hinter den Busch gehe, taucht ein dicker Brummi auf, und der Fahrer spielt Gratis-Gucken.«

Nein, Familienausflüge sind für Väter eine Tortur. Einer meiner Freunde hat allerdings die ultimative Methode gefunden, diesem Drama zu entgehen: Er lässt grundsätzlich seine Frau planen!

Das geht so: Zunächst findet die Frau, man sollte doch mal wieder gemeinsam was unternehmen, und legt einen passenden Tag fest. Dann findet sie ein Ziel, das ihr geeignet erscheint. Er gibt sich etwas zu auffällig begeistert, worauf sie das Ziel verwirft und etwas anderes sucht, inzwischen naht der Termin bedrohlich. Es geht ihr ja darum, beim Buchen und Planen alles richtig zu machen. Aber seit es Blogs gibt und Internetforen, lässt sich praktisch an jedem Ziel etwas aussetzen. Schließlich surft die Frau so lange durch Bewertungen und Mängellisten, bis der Ausflug ganz ausfällt. Oder die Reise. Womit wir zu einem anderen ganz wichtigen Thema kommen.

QUO VADIS? REISEN

Männer reisen anders als Frauen. Sie haben weder Sinn für Ästhetik noch für Qualität. Interessant ist, dass Männer nicht gerne am Strand liegen, sich aber ebenso wenig für Kultur begeistern können. Das erschwert es für uns Frauen, Ziele zu finden, die man überhaupt mit einem Mann ansteuern möchte. Der schönste Urlaub für eine Frau ist ohnehin der mit der besten

Freundin. Man kann es sich gut gehen und sich verwöhnen lassen, einfach rundum relaxen. Man kommt wie ein neuer Mensch zurück, und der Urlaub war die reinste Erholung!

Ganz anders die Männer: Ihnen ist das billigste Hotel am liebsten, gerne mit Restaurant, dann muss man nicht dauernd nach einem Gasthaus suchen. Ansonsten reicht es ihnen, wenn es genügend Sex gibt.

»So stellen sich Frauen das gerne vor. Stimmt aber nicht. Denn wir Männer suchen im Urlaub das Abenteuer! Immer mehr Männer sind im Urlaub gerne aktiv. Sie surfen und golfen, mieten sich ein Waterbike oder ein Motorboot und durchpflügen damit die Wellen oder erobern die steilsten Gipfel. Klar, erotisch sollte so ein Urlaub natürlich auch was hergeben, schließlich hat man endlich mal Zeit, und Sonne macht bekanntlich scharf.«

»Was trotzdem nicht unbedingt dazu führt, dass Männer sich bei bestimmten Dingen mal mehr Zeit lassen. Auch im Urlaub gilt: Lieber zehnmal schnell und allenfalls mittelmäßig gepoppt als einmal richtig gut.«

Die Frau rät:

So kommen Sie ans Ziel

Männer wünschen sich von ganzem Herzen, dass Frauen sich nach dem Sex schwuppdiwupp in einen Kasten Bier und drei gute Kumpels verwandeln. Wenn Sie es geschickt anstellen, kann Ihnen dieses Wissen gerade im Urlaub den einen oder anderen gemütlichen Shoppingtag mit seiner Kreditkarte verschaffen.

»Manchmal fragt man sich, was für Männer die eigene Frau so kennt, denn mich kann sie damit nicht meinen ...

Also, der ideale Urlaub für Männer ist ein aufregender, spaßreicher Actionurlaub mit gemütlichen Abhänger-Abenden. Den Alltag vergessen, Zeit für sich und Zeit füreinander haben, Lust und Unterhaltung genießen.«

»Männer können solche Vorstellungen ja bekanntlich ganz wunderbar mit einem Urlaub im Ferien-Apartment verbinden. Wie das funktioniert, darüber muss man nicht lange grübeln. Wahrscheinlich nehmen sie die Frau überhaupt nur mit, damit jemand da ist, der die leeren Bierflaschen wegräumt.«

»Und neue holt ...«

»Und neue holt, ja. Immerhin gibst du es zu.«

»Das war ironisch gemeint.«

»Was keine Frau je verstehen wird.«

»Klar. Weil Frauen Ironie nie verstehen.«

»Frauen sind nun mal doof.«

»Aha, du siehst es also ein?«

»Das war ironisch gemeint.«

ÜBERNACHTEN IM HOTEL

»Schaaaaaaatz?«

Hören Sie, da sind sie wieder, diese gestreckten, gequälten Vokale (siehe Übersetzungshilfe Seite 52).

»Schaaaatz?!?«

In meinem gerade in tiefen Schlaf fallenden Hirn begann ganz leise eine Alarmglocke zu läuten: Aufwachen, Mirja ruft!

»Schaatz!«

Auch wenn ich im Koma gelegen hätte, hätte mir nichts die Dringlichkeit und die wachsende Ungeduld besser signalisieren können als die sich zusehends verkürzenden Vokale.

»Ja, mein Engel«, lallte ich schlaftrunken, »was ist denn?«

»Der Vorhang ist nicht richtig geschlossen, da kommt noch Licht rein, und du weißt doch, dass ich so nicht schlafen kann!«

Das klang schon ein wenig vorwurfsvoll, obwohl eigentlich nicht ich die Vorhänge zugezogen hatte. Wild entschlossen, das Bett nicht zu verlassen, ließ ich mich zu einer unvorsichtigen Äußerung hinreißen:

»Mach doch die Augen zu, dann siehst du es nicht.«

Mit einem Ruck setzte sich Mirja auf, was zur Folge hatte, dass mein sowieso schon winziger Anteil an der Bettdecke auf ihrer Seite des Bettes verschwand.

»Augen zu, sehr witzig! Nur ein Mann kann so rücksichtslose Kommentare von sich geben!«

Kleine dramaturgische Pause.

»... außerdem brummt der Kühlschrank! Selbst Tote können bei dem Krach nicht schlafen!«

»Tote, Engel, liegen auf dem Friedhof, und da gibt es keine Kühlschränke.«

Zugegeben, ein dummer Kommentar, der die prompte Antwort meiner Frau verdient hatte.

»Klugscheißer! Hättest du nicht wieder eine Billigabsteige gebucht, würde ich schon längst schlafen! Aber das ist dir ja egal! Du legst dich hin und schläfst schon, bevor dein Kopf das Kissen berührt hat, und dann fängst du auch noch an zu schnarchen! Wie ein riesiges nasenverstopftes Schwein! Wahrscheinlich kann wegen dir nicht mal in den Nachbarzimmern jemand schlafen.«

Autsch, das saß, nun fühlte ich mich ungerecht behandelt, aber die Logik oder besser die mangelnde Logik einer Frau lässt mich immer wieder in eine Art Totenstarre fallen. Mir fehlten einfach die Worte. Was um alles in der Welt hatten der Kühlschrank und der nicht ganz geschlossene Vorhang mit meinem Schnarchen zu tun?

Im Übrigen bin ich mir sicher, dass 90 Prozent der Frauen ihren Männern mit Schnarch-Unterstellungen nur das Leben schwer machen wollen. Das schlechte Gewissen stellt sich dann bei uns Männern von alleine ein. Schon seit einiger Zeit habe ich den dringenden Verdacht, dass die meisten Männer in Wirklichkeit gar nicht schnarchen.

Ich habe daher fest geplant, unter unserem Bett ein Tonband einzubauen, um mich selbst davon zu überzeugen, ob ich Schnarchgeräusche von mir gebe oder diese nicht existieren. Das Einzige, was mich davon abhält, ist die in jedem Mann tief verwurzelte Angst vor dem eigenen Versagen: Was, wenn ich tatsächlich schnarche, wie ein riesiges nasenverstopftes Schwein? Ich müsste dann mit einem ewig schlechten Gewissen Mirja gegenüber leben. Was für ein Zustand! Ich müsste bis an mein Lebensende nicht richtig schließende Vorhänge bekämpfen und brummende Kühlschränke zum Schweigen bringen. Was für eine trostlose Perspektive.

Außerdem – ich gebe es zu – habe ich Angst, dass das ähnlich schiefgehen könnte wie meine Diktiergerät-Attacke auf eine frühere Freundin, die so lange und so bissig bestritt, jemals auch nur einen einzigen Schnarcher von sich gegeben zu haben, dass ich mich irgendwann (ich konnte natürlich nicht schlafen) ins Arbeitszimmer schlich, das Diktiergerät holte und ihr Geschnarche aufzeichnete. Das war der Anfang vom Ende der Beziehung.

(Gott sei Dank, kann ich nur sagen, ich hätte meine Frau womöglich nie kennengelernt.)

Vielleicht war es aber auch die fällige Rache, die ich mir gönnte, indem ich ihr das eigene Geschnarche so laut vorspielte, dass sie selber davon aufwachte. (»Das bin ich nicht.« – »Bist du doch.« – »Bin ich nicht!« – »Ich hab's eben aufgenommen.« – »Das ist nicht wahr.« – »Ist es doch.« – »Das ist echt so was von blöd und fies von dir!« Tja, wie Frauen eben so sind.)

Müde stand ich also auf, kramte im Reisenecessaire nach einer Sicherheitsnadel, stach mich auch nur ein paarmal und befestigte beide Vorhänge, um jeglichen Lichtstrahl von draußen zu unterbinden. Dann rückte ich mit aller Kraft den 500 Kilogramm schweren Schrank, in dem sich der Kühlschrank befand, zur Seite und zog den Stecker, ehe ich mich ermattet wieder ins Bett fallen ließ.

»Musst du so einen Krach machen? Da kann doch kein Mensch schlafen!«

»Ich habe nur versucht, es dir so gemütlich wie möglich zu machen, Schatz.«

»Und was ist jetzt mit dem Kühlschrank?«

»Ich habe den Stecker rausgezogen.«

»Du hast waaaas?«

Wieder setzte sich meine Frau im Bett auf, wieder war die Decke fort. Das muss so eine Art weibliches Betriebsprogramm sein – und es kommt immer ein Hammer, wenn es aktiviert wird.

»Und was passiert jetzt mit dem Babybrei?«

»Stimmt, den hätte ich vorher rausnehmen können. Dann wäre das verdammte Ding wahrscheinlich nicht so schwer gewesen.«

»Typisch. Du denkst immer nur an dich, nie an deine Kinder.«

»Aber Schatz ...«

Krisenbewältigung: Im Sturm des Lebens

»Der Babybrei muss gekühlt sein. Oder willst du, dass unser Kleiner morgen mit einer schweren Lebensmittelvergiftung im Bett liegt?«

»Und was soll ich jetzt deiner Meinung nach tun?«

»Du musst den Kühlschrank schnellstens wieder anschließen.«

»Aber Schatz ...«

»Oder du bringst den Babybrei zur Rezeption, und die tun ihn in den Kühlschrank.«

An meinen Ausflug im Pyjama mit einem Gläschen Babybrei in der Hand wird sich so mancher Urlaubsgast noch in Jahren mit Vergnügen erinnern.

Als ich nach Stunden vollkommen erschöpft und endgültig hellwach wieder ins Bett kroch, stellte ich fest, dass meine liebe Frau inzwischen in einen tiefen Schlaf gefallen war. Und ich wage kaum, es auszusprechen: Sie schnarchte still und glücklich vor sich hin.

IRDISCHE GÜTER

Sie kennen diese Geschäfte, in denen Sofas und üppige Sessel herumstehen? Ich meine nicht Einrichtungs-, sondern Bekleidungshäuser. Rechts und links Millionen von Kleidern, Röcken, Blusen, Haarklammern, Schals, Schuhen, Krimskrams – und dazwischen, wie eine Lichtung im Dschungel, ein Sitzmöbel. Nicht für die Dame. Für den Herrn! Denn dieser ist es, den beim Betreten des Ladens eine bleierne Müdigkeit befällt, dem schon allein die Luft, die hier drinnen herrscht, jeden klaren Gedanken raubt. Seit Stunden dackelt er schwer bepackt mit Taschen und Tüten, vor allem mit Tüten, hinter seiner Frau her, die leichtfüßig von Boutique zu Boutique schwebt, um dort elfengleich und praktisch unermüdlich Kleidungsstück um Kleidungsstück anzuprobieren. Sie schwimmt auf einer Endorphinwelle, während er versucht, sein letztes Adrenalin zu mobilisieren.

Seine Gedanken kreisen längst um die Frage: Wo sind in dem ganzen Chaos eigentlich die Autoschlüssel geblieben? Sie hingegen legt jetzt einen höheren Gang ein und stürzt sich in die nächste Umkleidekabine.

Ja, und da ist es also, dieses Sofa, gern in Leder, von einem klugen und mitfühlenden Geschäftsführer für den männlichen Lastenesel so platziert, dass auch die Tüten noch Platz haben.

Shoppen ist dem Mann eine lästige Pflichtübung, der Frau aber eine Wonne. Jeder Frau, behaupte ich. Ich hatte jedenfalls noch nicht das Vergnügen, eine kennenzulernen, die das nicht unterschrieben hätte.

Shoppen bedeutet für Frauen ja auch weit mehr als nur einzukaufen.

Wenn ich meine Frau ärgern will, dann beschwere ich mich, dass sie wieder mal shoppen war, wenn sie vom Supermarkt zurückkommt. Das ist harmlos.

Wenn sie mich ärgern will, erzählt sie mir, dass sie wieder mal shoppen war (also sinnlos einen Haufen Geld ausgegeben hat), wenn sie eigentlich vom Supermarkt zurückkommt.

Wenn sie mich aber richtig ärgern will, dann erzählt sie mir, dass sie nicht shoppen war, weil ich doch unbedingt mitkommen solle und sie auf keinen Fall ohne mich gehen wolle. Das ist nicht harmlos. Das ist grausam.

Krisenbewältigung: Im Sturm des Lebens

Denn der Mann ist fürs Shoppen nicht gemacht. Männer können einfach keinen Spaß daran haben, sinnlos Geld auszugeben (und alles, was man nicht beim *Einkaufen* kauft, sondern beim *Shoppen*, ist tendenziell sinnlos). Sie finden es schrecklich, Stunden (wenn es nach den Frauen ginge: Tage) auf der Jagd nach Beutestücken zuzubringen, die dann meist nur im Schrank verstauben und zu Hause den Platz wegnehmen.

Männer hassen es, sich in schlecht gelüfteten oder viel zu kalt klimatisierten Läden herumzutreiben, ganze Kamelfrachten an Trophäen quer durch übervölkerte Innenstädte zu schleppen, und sie können sich nicht vorstellen, dann daheim bis spät abends mit der besten Freundin am Telefon darüber zu quatschen.

Meine Frau kann das. Sie mag das! Sie ist eben eine Frau. Sie liebt Shoppen. Allerdings hat sie einen perfiden Trick entwickelt, wie sie mich unmittelbar zum Beteiligten macht:

Samstagvormittag. Die beste Zeit, mal den Schreibtisch aufzuräumen, vielleicht etwas Feines zum Essen vorzubereiten, im Garten zu werkeln, ein Buch zu lesen oder auf der Terrasse ein wenig in die Sonne zu blinzeln. Daraus wird aber nichts.

Meine Frau stellt fest:

»Ich habe nichts anzuziehen. Wir müssen in die Stadt.«

Zu Deutsch: Dieser Samstag ist gelaufen, du musst heute mein Shopping-Sklave sein. Der gute Mann seufzt, fügt sich in sein Schicksal und fährt schon mal den Wagen vor.

Kaum vorstellbar, dass die Besitzerin dieses Kleiderschranks nichts zum Anziehen hat. Meine Frau schwört jedoch Stein und Bein, dass dem so ist.

In der City schließlich, nachdem der Stau durchgestanden und ein Tiefgaragenplatz gefunden ist, dichtes Gedränge. Offensichtlich sind noch ein paar Millionen andere Frauen auf die gleiche Idee gekommen, und sie alle schleppen ihre armen Männer mit.

Wir stolpern von einem Laden zum nächsten. Meine Frau probiert dieses, lässt sich jenes zeigen, studiert das. Aber sie kauft: nichts. Jedenfalls nicht für sich. Denn kaum passieren wir das Schaufenster eines wenig frequentierten Herrenausstatters, fällt ihr Blick auf dies:

»Wahnsinnig süße Cowboystiefel. Die musst du unbedingt anprobieren, Schatz!«

Ruft es und verschwindet in dem Laden. Noch habe ich die Hände in den Hosentaschen und ein paar Nerven übrig. Leicht amüsiert folge ich ihr. Wenn sie erst einmal sieht, wie bekloppt

143

ich mit grün-schwarzen Cowboystiefeln aussehen werde, wird sie den Laden fluchtartig verlassen. Denke ich. Sie denkt anders.

»Suuupersüß, Schatz! Die stehen dir, die müssen wir kaufen.«

Und nicht nur die. Als wir den Laden endlich verlassen – inzwischen dämmert es, aber vielleicht ist es auch nur eine leichte Umnachtung, die mich befallen hat – bin ich beladen wie ein Maulesel und fühle mich auch so. Meine Frau stolziert vor mir her wie der frisch geadelte Edmund Hillary. Ein paar Boutiquen sieht sie noch durch, doch inzwischen fehlt ihr ein wenig der Antrieb. Sie hat sich ausgetobt, die Kauflust ist befriedigt, Sky hat zwei neue Pullis bekommen, eine neue Hose, coole Cowboystiefel, eine schicke Mütze. Den Dufflecoat konnte ich ihr gerade noch ausreden. Die Steppweste dagegen musste sein. Aber das lässt sich verschmerzen. Ich habe es ja hinter mir. Und der Winter kann kommen.

Zu Hause steht meine Frau dann vor dem Schrank, und es folgt die bittere Erkenntnis:

»Schatz, ich habe eigentlich absolut nichts anzuziehen und brauche dringend etwas, aber typisch, du hast wieder nur was für dich gekauft.«

Entsetzte Sprachlosigkeit ergreift mich.

Nein, beim Einkaufen zeigen sich die Unterschiede zwischen Mann und Frau in besonders vielfältiger und ausgeprägter Weise. Frisch verliebte Männer sind ja oft noch bereit, alles Mögliche mit Sonnenmiene mitzumachen. Manche geben sogar vor, Shopping würde ihnen Spaß machen. Frauen, glaubt es ihnen nicht! Es ist nur die Liebe, die sie zu dieser tiefsten Selbstverleugnung greifen lässt. In Wirklichkeit läuft es ihrem Inneren ebenso fundamental zuwider wie jedem anderen normalen Mann – höchstens, dass die Hormone den Schmerz ein wenig betäuben. Aber spätestens sobald dieser Effekt nachlässt, wird es schwer. Schwer für den Mann – und schwer für die Beziehung. Deshalb im Kasten unten ein paar wichtige Anregungen für die Frau.

Um es gleich vorweg zu gestehen: Shopping ist mein Leben. Ich könnte im Kaufhaus übernachten. Und ich glaube, das geht den allermeisten Frauen so. Der Spaß am Einkaufen liegt Frauen in den Genen. Das sieht man schon daran, dass Männer ein großes Problem damit haben. Für Männer müsste man eigentlich in

Der Mann rät:

Die goldenen Shoppingregeln

1. Zwingen Sie Ihren Mann nie, mit Ihnen shoppen zu gehen.
2. Wenn Sie es dennoch tun (was wahrscheinlich ist), dann nehmen Sie seine Bereitschaft, Sie zu begleiten, als allertiefsten Liebesbeweis – egal wie sehr er quengelt und mault. Allein seine körperliche Anwesenheit ist heldenhaft.
3. Suchen Sie Geschäfte auf, in denen bequeme Sitzmöbel stehen. Loben Sie diese beim Personal oder, noch besser, beim Geschäftsführer. Es soll sich herumsprechen, dass eine gute Aufbewahrungsmöglichkeit für Männer bei der Zielgruppe (also den kaufwütigen Frauen) positiv ankommt. Falls es keine Zeitschriften gibt: Regen Sie an, dass man die Sitzecke noch ein wenig aufpeppen könnte. Wenn es nur Modemagazine gibt: Schlagen Sie vor, auch noch ein paar »männlichere« Zeitschriften auszulegen.
4. Nehmen Sie das Schweigen Ihres Begleiters als Kompliment. Männer äußern sich selten überschwänglich zu Kleidungsstücken – und in der Öffentlichkeit noch viel seltener.

Krisenbewältigung: Im Sturm des Lebens

den Geschäften eine Männer-Ecke einrichten. So wie es manchmal eine Kinder-Ecke mit Spielsachen gibt. Man setzt Kinder oder Männer dort hin und kann dann gemütlich shoppen. Am besten, man stellt einen Fernseher in die Männer-Ecke und zeigt Autorennen oder Fußball. Egal, es könnte auch ein Drittligaspiel aus dem Jahre 1998 sein, Hauptsache es ist ein Ball oder ein Auto zu sehen. Das wäre nicht nur für uns Frauen sehr viel angeneh-

Die Frau rät:

So darf er mitkommen!

Der perfekte Gentleman ist auch ein guter Einkaufsbegleiter. Wie Mann das hinbekommt? Hier ein paar Tipps für echte Männer:

1. Bitte keine schlechte Laune verbreiten. Klappt zwar wahrscheinlich nicht, aber der gute Vorsatz könnte helfen, dass es nicht allzu schlimm wird.
2. Besser nicht allzu viel über Kleider und all das sagen, was Ihre Holde anprobiert. Einkaufsbegleiter sein beinhaltet immer auch die hohe Kunst der Diplomatie und des Schweigens zur richtigen Zeit. Wer zu viel sagt, sagt schnell was Falsches. Allerdings: Wer nichts sagt, sagt auf jeden Fall was Falsches. Ein bescheidenes Lob kommt immer gut an, eine kleine Schmeichelei wird jedem Mann gern vergeben.
3. Die drei absoluten No-gos: über Preise reden, über die Unentschlossenheit der Frau nörgeln, über typisch weibliches Kaufverhalten meckern. Wenn Sie Ihrer Partnerschaft einen kräftigen Schubs in Richtung Abgrund geben wollen, dann tun Sie das alles.

mer, auch die Männer hätten es leichter. Denn die ziehen ja sowieso immer nur ein Gesicht. Deshalb gehe ich persönlich am liebsten alleine einkaufen, und zwar ganz alleine. Jedenfalls nicht unbedingt mit meinem Mann. Denn der ist nicht besser als alle anderen Männer: Kaum kommen wir in die Nähe eines Kaufhauses, treten bei ihm Symptome auf, wie sie auch von meinen Kindern kenne.

Dabei ist er normalerweise sehr einfühlsam und ein guter Schauspieler. Aber bei solchen Gelegenheiten sieht man ihm richtig an, dass seine Geduld nur gespielt ist und er sich verstellt.

Männer können das einfach nicht: Mal gemütlich durch die Läden ziehen und ein bisschen Geld ausgeben. Sie wissen es umgekehrt aber genauso wenig zu würdigen, wenn man spart. Was die Frage aufwirft, ob man da überhaupt zurückhaltend sein sollte.

Richtig ist: Männer verfolgen beim Kaufen ein Beuteschema. Sie glauben zu wissen, was sie wollen, und wenn sie es sehen, dann greifen sie halt zu.

Frauen sind da viel kreativer, sie haben einfach mehr Fantasie. Deshalb wollen und müssen sie möglichst viel ausprobieren. Männer sollten das berücksichtigen.

Natürlich rechnen wir den Männern ihren Großmut (wenn sie denn mal zum Einkaufen mitkommen) hoch an.

Und noch ein kleiner Tipp für die Frauen: Das Schönste überhaupt ist Shoppen im Urlaub! Erkundigen Sie sich vor der Buchung, ob es in der Nähe des Hotels schöne Einkaufsgelegenheiten gibt.

Und tun Sie das nicht gerade, wenn Ihr Mann in der Nähe ist. Der findet sonst plötzlich eine Menge Gründe, warum das gewählte Ziel doch nicht ganz optimal ist.

SPORTLICHE ERTÜCHTIGUNG

In wenigen Bereichen zeigen sich die Unterschiede zwischen Frauen und Männern so deutlich wie beim Sport. Sport nimmt bei Männern allgemein einen wesentlich höheren Stellenwert ein als bei Frauen.

Jeder Mann hat einen Bezug zum Thema Sport. Und wenn wir wie Winston Churchill mal sagen: »No sports«, dann meinen wir das normalerweise ironisch. (Frauen sind ja eher selten zur Ironie fähig; aber das haben wir ja bereits an anderer Stelle erörtert.) Es fängt an mit dem Fußballverein, in dem doch zumindest in meiner Generation noch fast jeder Junge gekickt hat, und geht weiter mit dem Skifahren, Tennisspielen, Golfen ... Kein Sport, der nicht von Männern dominiert würde, wenn man mal vom Schwebebalken und Schleifenschwingen absieht. Aber es ist ja auch kein Wunder: Männer *interessieren* sich ja auch viel mehr für Sport als Frauen. Es gibt mit Sicherheit zahllose Studien, die belegen, dass Männer mehr Sportsendungen im Fernsehen anschauen als Frauen.

»Das ist schon mal einer der wichtigsten Unterschiede: Männer gucken Sport, Frauen machen ihn. Interessant dabei ist, dass Männer zwar normalerweise sehr gerne Frauen angucken – aber nicht während sich diese sportlich betätigen. Da schauen sie lieber Herren zu. Männer sitzen vor der Glotze, trinken Bier, schimpfen auf den Gegner, auf den Schiedsrichter, auf die schlechten Platzverhältnisse, über das miese Wetter. Und dann denken sie, sie hätten Sport getrieben.

Wenn man einen Mann mal tatsächlich auf dem Sportplatz sieht, dann meistens, weil er seiner Frau erklärt, wie man es richtig macht:

›Du musst beim Aufschlag ganz durchziehen. Nicht aus dem Handgelenk, aus der Schulter! Warum spielt ihr Frauen immer alle aus dem Handgelenk?‹ ... ›Schulter, Hand und Schläger müssen eine Einheit bilden. Bei dir sieht das aus, als würdest du ein Nudelholz schwingen.‹ ... ›Du sitzt auf dem Gaul wie auf einem Küchenstuhl. Ich hätte John Wayne heiraten sollen.‹

Wo sieht man denn heute noch einen Mann, der richtig Sport treibt? Unsere Sportsmänner sind zu Experten verkommen, die in der Theorie perfekt sind und in der Praxis immer dicker werden.«

»Das ist wieder eines dieser typischen weiblichen Missverständnisse: Sport als Gesundheitsding. So ein Quatsch! Sport soll Spaß machen! Sport ist ein Stück Lebenskunst. Das funktioniert passiv genauso gut wie aktiv. Männer verstehen Sport als eine Möglichkeit, sich auszudrücken, ihre Freizeit zu gestalten, als eine Form der Unterhaltung. Deshalb können sie ein gutes Fußballspiel vor dem Fernseher oder im Stadion auch viel mehr genießen als Frauen.«

»Im Fernsehen, von mir aus ... aber im Stadion? Zugegeben, es gibt Frauen, die gehen da gerne hin. Obwohl, die meisten tun wahrscheinlich bloß so, um ihrem Macker eine Freude zu machen. Die Regel ist das sicher nicht.

Frauen stellen sich nicht gerne in große schwitzende und brüllende Menschenmassen. Sie lassen sich nicht gerne Bier in den Kragen kippen oder von Betrunkenen vor die Füße reihern. So was können nur Männer gut finden. Deswegen pilgern sie auch jeden Samstag zu Hunderttausenden in die

Fußballstadien und verausgaben sich am Würstchenstand oder beim Anstehen vor dem Herrenklo.

Wenn es unbedingt sein muss, dann halte ich noch am ehesten Werder Bremen die Daumen. Ganz im Gegensatz zu Sky, der immer noch dem ›FC Hollywood‹ anhängt, auch die Komödiantentruppe von Bayern München genannt, weil sie in erster Linie Show und weniger Sport betreiben. Wenn die Grünen zum Beispiel die Bayern über den Platz jagen, dann schlägt mein Herz durchaus höher.«

»Komödiantentruppe, dass ich nicht lache! Wer ist denn x-facher Deutscher Meister? Und deine Grünen sind doch nur oben auf der Tabelle, wenn man diese verkehrt rum aufhängt!«

»Warten wir's ab, wer am Schluss wo auf der Tabelle steht. Also, wir Frauen kuscheln uns lieber aufs Sofa, telefonieren mit einer guten Freundin, zappen dabei ein bisschen rum und schauen ab und zu auf den aktuellen Spielstand.«

»Und lassen die Männer auf dem Platz arbeiten. Ich kann das bestätigen: Frauen gucken Männern gerne beim Arbeiten zu. Das sind die seltenen Gelegenheiten, bei denen man als Mann mal nicht kritisiert wird. Wenn wir Männer uns auf das Sofa setzen und die Glotze anschalten, dann tun wir das doch meist mit einem schlechten Gewissen, weil wir genau wissen, dass unsere liebe Frau jetzt eigentlich erwartet, dass wir die Geschirrspülmaschine einräumen, den Toaster reparieren oder den Müll raustragen. Männer sollten am besten immer arbeiten. Ich glaube ja nicht, dass weibliche Wesen Kicker vor allem deshalb ganz gerne beobachten, weil die etwa so lecker und knackig wären (mal ehrlich: Die Jungs sind keine Models, schon gar nicht, wenn die ersten 15 Minuten eines Spiels um sind). Die Frauen wollen einfach Männer bei der Arbeit sehen. Und je mehr diese sich abrackern, umso mehr Spaß macht es ihnen. Mit Sport oder mit der Liebe zum Sport hat das rein gar nichts zu tun.

Männer aber leben ihre Leidenschaften, nicht nur, aber auch im Sport aus. Männer lieben den Wettkampf und die Selbstaufopferung. Männer können Perfektionismus würdigen!«

Die Frau rät:

5 Tricks, wie Sie Ihren Mann zu mehr Sport bringen

1. Sie vergleichen ihn öfter mal mit Gérard Depardieu. (Das ist nicht wirklich schmeichelhaft, und irgendwann wird er begreifen, was Sie damit sagen wollen!)

2. Sie verstecken seine Autoschlüssel und legen sie dann unauffällig an einen Ort, an dem er sie auch wiederfindet, aber erst nach einer gewissen Suchzeit. (Das ist zwar keine klassische Sportart, aber sehr effektiv – denn es nervt ihn und verbrennt jede Menge Kalorien, schon weil er innerlich so kocht.)

3. Sie bewundern den sportlichen Nachbarn, den Sie hoffentlich haben. Ansonsten eben den Nachbarn Ihrer Freundin, den Postboten oder einen Geschäftskollegen. Wichtig: Es muss jemand sein, der immer wieder auftaucht, sodass es Ihren Holden ständig von Neuem »zwickt«.

4. Sie bringen ihm öfter mal etwas Neues zum Anziehen mit und kaufen es stets eine Nummer zu klein. (Kommentar: »Oh, ich hatte dich scheinbar schlanker in Erinnerung.«)

5. Sie geben im Bett ordentlich Gas: Wenn ihm da die Kondition versagt, trifft das den richtigen Nerv – und es trifft ihn heftig.

»Alles Quatsch. Es ist in der Tat schön, wenn Männer arbeiten und sich im Haushalt ins Zeug legen. Aber noch schöner ist es, wenn sie das ganz unauffällig tun und uns dabei nicht stören.

Aber war unser Thema nicht eigentlich der Sport? Frauen gehen bewusster mit ihrem Körper um. Sie treiben Sport, um in Form und gesund zu bleiben, um ein gutes Gefühl zu haben. Das ist ein überzeugender Weg, und daher sollten Männer es uns gleichtun.«

MEINUNGSVERSCHIEDENHEITEN

Ob Sport oder anderes: In jeder Beziehung, wenn sie denn länger andauert, kommt der Tag, an dem der erste Streit nicht zu umgehen ist. Und wenn die Beziehung da noch hält, dann wird es irgendwann auch einen zweiten und dritten Streit geben. Ist das nicht der Fall, hat sich mit dem ersten Streit die Liebesgemeinschaft vermutlich erledigt. Dann war es zweifellos gut, dass Frau und Mann mal ordentlich gestritten haben. Sonst ist es eher nicht so gut. Vor allem nicht für den Mann.

Männer sind von Natur aus friedliebend, um nicht zu sagen harmoniesüchtig. Jede gegenteilige Behauptung stammt gewiss von einer Frau und ist nichts als reine Propaganda. Denn Frauen sind nun mal streitsüchtig. Sie haben das schlechte Gewissen erfunden und sind ständig mit Vorwürfen bei der Hand. Eigentlich müsste *der* Vorwurf in *die* Vorwurf umbenannt werden. Und mit einem Vorwurf fängt es ja auch meistens an. Überhaupt: Frauen werden in Streitdingen viel schneller persönlich als Männer.

Typisch Mann:

»Lass uns das doch mal ganz objektiv betrachten.«

Der Mann rät:

Streitschauplatz sorgfältig wählen!

Streiten Sie nie in der Küche! Dann kommt es billiger und ist weniger gefährlich, weil weder das gute Porzellan noch der Messerblock in der Nähe sind.

Typisch Frau:

»Du willst dich doch bloß wieder rausreden. Aber das tust du immer. Du willst einfach nicht zu deinen Fehlern stehen!«

Schon mal gehört? Dann haben Sie vermutlich schon festgestellt, dass Männer stets versuchen, einem Streit aus dem Weg zu gehen. Methode Nummer eins: nicht hinhören. Leider funktioniert das auf Dauer nicht. Zum einen, weil Frauen ihr Ziel immer erreichen, und weil sie zum anderen am durchsetzungsfähigsten sind, wenn sie das tun, was sie auf ganz besonders perfide Weise beherrschen: schweigen.

Es sollen schon Männer zu Tode geschwiegen worden sein! Das ist Folter und verstößt sowohl gegen Artikel 3 der Europäischen Menschenrechtskonvention als auch gegen die Allgemeine Menschenrechtserklärung von 1948. Wenn mich meine Frau auf eine bestimmte Art anschweigt, lässt mich das umgehend um Jahre altern. Und versuchen Sie jetzt bitte nicht, aus dieser Erkenntnis mein wahres Alter zu errechnen.

Frauen sind herrschsüchtig, ungerecht und rechthaberisch. Deshalb leben sie mit Männern zusammen. Denn die ziehen in jedem Streit am Ende den Kürzeren.

Aber Frauen und Frauen, das geht im Grunde gar nicht. Bei einem Konflikt zwischen ihnen kann es keinen Gewinner geben.

Falls man jemals in einer Karibikhütte unter Palmen bei vierzig Grad im Schatten zwei Gestalten findet, die erfroren und von einer dicken Eisschicht überzogen sind, dann sind es vermutlich Frauen, die sich gestritten haben. Aus diesem Grund streite ich niemals mit meiner Frau.

»Du tust was nie? Da muss ich ja lachen.«

»Doch, doch, es stimmt schon, ich streite nie mit meiner Frau. Was sie für einen Streit hält, ist nichts weiter als eine Art von lebhafter Kommunikation, die als Streitersatz dient. Denn Frauen brauchen den Zank. Wenn sie sich länger nicht gestritten haben, werden sie unzufrieden. Vermutlich liegt es daran, dass sie uns von Zeit zu Zeit einfach zeigen müssen, wo der Hammer hängt.«

»Ach, und was war das neulich für eine Auseinandersetzung um Taras Schulweg?«

»Ich konnte sie nicht abholen, weil ich einen Brief an den Bürgermeister schreiben musste.«

»Typisch. Alles ist wichtiger, als die eigene Tochter von der Schule abzuholen!«

»Ich hole sie dauernd von der Schule ab! Außerdem ging es in dem Brief um Taras Schule!«

»Bitte nicht laut werden, ja? Rede nicht so mit mir!«

Merken Sie was? Sie hat das Thema gewechselt. Eine klassische Taktik: In dem Moment, in dem ein Argument nicht mehr funktioniert, zückt sie ein anderes. Gerne wird dabei der Mann als Aggressor in eine Ecke gestellt, aus der er ohne Streit nur noch schwer herauskommt. Und mit Streit gar nicht mehr. Also:

»Entschuldige bitte, Schatz. Ich hatte dem Bürgermeister einen Brief geschrieben, weil ich glaube, dass die gegenwärtige Schulpolitik schlecht ist für unsere Tochter. Und für viele andere Kinder auch.«

»Das ist noch lange kein Grund, mich so anzublaffen! Überhaupt sprichst du mit mir in letzter Zeit so lieblos. Aber das merkst du selbst schon gar nicht mehr.«

Auch typisch: Frau behauptet etwas, verallgemeinert es dann und schiebt gleich noch einen anderen Vorwurf hinterher, der einem alle Verteidigungsmittel aus der Hand schlägt. Was tun?

»Liebling, ich verstehe ja, dass du sauer bist. Aber jetzt bist du auch ein bisschen ungerecht. Ich versuche nur, ein guter Vater zu sein.«

»Dann solltest du mal damit anfangen, dass du die Mutter deiner Kinder besser behandelst! Mit Fremden würdest du nicht so respektlos sprechen.«

Untrügliche Zeichen bei Frauen, dass eine Beziehung kriselt

- Für Dauertelefonate mit der Freundin beantragt sie eine Standleitung.
- In der Videothek werden nur noch Liebesfilme bestellt.
- In seiner Gegenwart summt oder pfeift sie leise vor sich hin, um Gelassenheit zu demonstrieren.
- Sie kocht nur noch Gerichte, die er hasst und die sie besonders gesund findet.
- Das Nagelstudio oder der Friseur wissen mehr über den Zustand der Beziehung als der Mann.
- Sie versteckt seine letzten sauberen Unterhosen ... und er merkt es nicht.

Krisenbewältigung: Im Sturm des Lebens

Untrügliche Zeichen bei Männern, dass eine Beziehung kriselt:

- Er verbringt mehr Zeit in der Kneipe als zu Hause.
- Er hat je ein Abo von Penthouse und Playboy.
- An seinem Lieblingshemd fehlen fast alle Knöpfe.
- Er weiß plötzlich nicht mehr, was beim letzten »Frauentausch« oder im »Dschungelcamp« geschehen ist.
- Er lässt absolut keine Sportsendung mehr aus.
- Er findet bei Lidl selbst im Vollrausch sofort die Tiefkühlpizzen.
- Ab jetzt pinkelt er nur noch im Stehen.

Was natürlich nicht stimmt. Wenn es nötig ist, kann ich bei Fremden ganz schön grob werden. Ich bemühe mich nur ganz allgemein, ein höflicher Mensch zu sein. Nun denn:

»Ich wollte nicht respektlos mit dir sprechen, Schatz. Tut mir leid, wenn es sich so angehört hat. Aber ich möchte dir erklären, dass wir in der Sache ganz gleich denken.«

»Das Problem ist, dass du keine Prioritäten setzen kannst. Du hättest ja Tara erst von der Schule abholen und dann deinen Brief schreiben können.«

»Ich hatte dem Chefredakteur aber versprochen, dass der Brief vor sechzehn Uhr bei ihm ist.«

»Ich dachte, der Brief war an den Bürgermeister gerichtet.«

»Richtig, er sollte aber in der Zeitung erscheinen.«

»Und die war dir also wichtiger als deine Tochter.«

»War sie nicht. Die haben eben bloß Redaktionsschluss um eine bestimmte Uhrzeit.«

»Von Männern gemacht. Wahrscheinlich, damit sie ihre Kinder nicht abholen müssen. Das sollen die Frauen erledigen.«

»Entschuldige, Mirja, aber das ist jetzt wirklich Blödsinn.«

»Du nennst mich blöd? Sind wir jetzt schon so weit?«

»Ich habe nicht dich blöd genannt, sondern nur gesagt, dass es Blödsinn ist, was du gesagt hast.«

Tja, und an dieser Stelle tritt gerne besagtes Schweigen ein. Statt einer Antwort knallen die Türen. Manchmal fliegen auch Gegenstände. Denn Frauen werfen ja. 80 Prozent aller Frauen, die ich kennengelernt habe, werfen! Eigentlich ist das kriminell. Versuchte gefährliche Körperverletzung! Und Sachbeschädigung.

Das ist nicht lustig, sondern strafrechtlich relevant. Die kriminelle Energie einer Frau beim Streit ist nicht zu unterschätzen.

NAHRUNGSAUFNAHME

Also, hier muss ich meinen Mann richtig loben: Sky kocht manchmal liebevoll für mich. Und er gibt sich bei diesen Gelegenheiten ganz viel Mühe, den Tisch schön zu decken und den Abend romantisch zu gestalten. Leider kommt das nicht allzu oft vor, weil er durch seinen Beruf viel unterwegs ist und selten die Möglichkeit hat, so frühzeitig da zu sein, dass er sich noch gemütlich eine Stunde oder zwei an den Herd stellen kann. Trotzdem: Wenn er kocht, ist das große Klasse!

Wie gesagt, das *Kochen* kann er gut. Das ist es dann aber auch. Denn im Übrigen hat er ein Problem, das viele Männer haben: Er stellt sich zwar gerne an den Herd, aber hinterher ganz und gar nicht gerne an die Spüle; ganz so, als befände sich diese auf einem anderen Stockwerk.

Männer geben ja gern den Meisterkoch, fürs Aufräumen der total versauten Küche sollen dann die Frauen zuständig sein. Und total versaut ist die Küche garantiert, wenn ein Mann seinen Fuß hineingesetzt hat.

Männliche Ruhmestaten in der Küche bringen bisweilen unschöne Kollateralschäden mit sich.

Oft versteht der Mann unter Kochen ja, zuständig zu sein für die Zubereitung des Fleischs. Ein stolzer Braten, ein paar saftige Steaks, das sind Speisen, die die Herren der Schöpfung gerne zaubern, egal, wie sehr Blut und Fett spritzen. Für die Sättigungsbeilage soll dagegen die Frau sorgen. Ich Schnitzel, du Kartoffelsalat, so etwa lässt sich das auf einen Nenner bringen.

Man könnte auch sagen: Die meisten Männer geben nur vor, zu kochen. Was ihnen völlig fehlt, ist das Versorgungs-Gen: Denn während frau einfach vernünftig ist und einsieht, dass eben auch morgen, übermorgen und so weiter gekocht werden muss, neigen Männer dazu, einen Riesenevent draus zu machen – und Events sind eben nur gut, wenn sie sehr selten vorkommen.

Das macht Sky auch gerne: An manchen Tagen steht er mit einer Einkaufstüte in der Tür, als hätten wir eine ganze Fußballmannschaft zu verköstigen, stolz wie Oskar auf seine wundervollen T-Bone-Steaks (acht Stück à 400 Gramm), seine original Idaho-Süßkartoffeln (2,5 Kilogramm zu € 17,99), die mexikanische Gewürzmischung (800 Gramm), das Olio Extra Vergine aus Umbrien (100 Milliliter zu € 21,95) und die zwei Stück südafrikanische Kräuterbutter. Nicht zu vergessen die drei Flaschen chilenischen Pinot Noir. Ich frage ihn, ob wir Gäste erwarten.

»Nein, wieso?«

Wie Männer eben so einkaufen, wenn sie Lebensmittel besorgen.

»Womit bewiesen wäre, dass wir eben doch das Versorgungs-Gen haben. Männer denken eben praktischer: Weshalb nicht gleich richtig einkaufen? Es macht kaum mehr Arbeit, drei Flaschen Wein mitzubringen als eine. Und der große Sack tiefgefrorene Pommes hält wenigstens für zwei Mahlzeiten vor.«

»Ein Candle-Light-Dinner hat er geplant. Mein Mann ist doch ein großer Romantiker. Ich sehe also darüber hinweg, dass ich nicht mal die Hälfte der Portion schaffen werde, die er mir aufgeladen hat, dass er das Ganze mit einem Rosmarinzweiglein drapiert hat (seit zehn Jahren ignoriert er einfach, dass ich das hasse) und dass er das Essen mit grob gemahlenem roten Pfeffer umrahmt hat (der bei mir einen Würgereiz bewirkt). Der Wein korkt nur leicht, und die drei Flaschen erweisen sich als gute Idee, denn seine Soße aus der mexikanischen Gewürzmischung ist so scharf, dass mir schon nach dem ersten Bissen die Tränen in die Augen schießen (was Sky zweifellos für Rührung hält).

Krisenbewältigung: Im Sturm des Lebens

»Schatz, musstest du es so scharf machen?«

»Ich dachte, du liebst scharf.«

»Ich liebe scharf. Aber das hier ist was für Drachen.«

»Ich finde es köstlich. Ein Steak muss nach etwas schmecken!«

»Ja, und zwar nach Steak.«

Es muss einen genetischen Defekt an den Geschmacksknospen der Männer geben, der dafür verantwortlich ist, dass sie praktisch unempfindlich gegen Schärfe sind. Und gegen alle Sorten von fetter Bratwurst. Deshalb ist die perfekte Mischung für den Mann Currywurst: ordinär und scharf. So lieben es Männer.

»An dieser Stelle könnte man durchaus Rückschlüsse auf den Geschmack von Männern in puncto Frauen ziehen.«

»Psychologisch halte ich diesen Einwurf für bemerkenswert primitiv. Niveau Steinzeit.

Aber zurück zum Kulinarischen: Männern kann es einfach nicht anspruchslos genug sein. Stimmen die Menge (groß) und der Fettgehalt (noch größer), dann passt das Essen.

Noch ein Problem: Männer lieben Süßes. Sie sind süchtig danach. Lassen Sie deshalb nie Schokolade in der Wohnung herumliegen! Eigentlich müsste Süßzeug einen Beipackzettel haben, auf dem steht: ›Süßigkeiten für Männer unzugänglich aufbewahren.‹ Denn auch hier geht es ja nicht nur um die Sache selbst, sondern vor allem um die Menge. Ein Mann und eine Tafel Schokolade scheinen immer eine Einheit bilden zu wollen. Solange das Ding nicht in ihm drin ist, ist er nicht zufrieden.«

»Das ist wenigstens nachvollziehbar. Frauen sind da komplett verdreht: Sie wünschen sich, mit Pralinen verwöhnt zu werden, und essen sie dann nicht. Frauen sind Kostverächter. Auch wenn meine Frau immer behauptet, es gebe Geschlechtsgenossinnen, die einen Schokoriegel nur anzusehen brauchen, um umgehend dessen Gewicht mehr auf die Waage zu bringen. Aber es gibt noch härtere Fälle: Meine Mutter begreift einfach nicht, warum sie heute 100 Gramm Schokolade isst, aber am nächsten Tag sieben Kilo mehr wiegt. Es erscheint den meisten Frauen wie ein Wunder. Viele sind sicher, dass Einstein irrte, als er feststellte: ›Masse ist gleich Masse‹ ... oder war das gar nicht Einstein, und es stand vielmehr in der *Brigitte?*

Ich glaube, dass es im Grunde eine andere Ursache für diese Kostverächterei gibt: Frauen lassen sich nicht gerne einwickeln, und darum misstrauen sie Süßem. Denn so ein leckeres Teilchen übt nun einmal eine ungeheure Anziehungskraft aus. Alles, was unwiderstehlich ist, ist aus Sicht der Frauen verdächtig und gefährlich. Deshalb fallen sie nicht einfach so drauf herein ...«

»Aber Schatz, du bist doch auch unwiderstehlich, und ich bin auf dich hereingefallen!«

»Netter Versuch, Mirja. Wir wissen beide genau, wer hier auf wen hereingefallen ist. Aber lassen wir das lieber.

Betrachten wir doch einmal die Frauen, wie sie vor ihrem Teller sitzen: immer in perfekter Haltung. Da ist kein Buckel, da ist kein Bauch – Frauen modeln praktisch vor ihrem Essen. Dann nehmen sie das Besteck zur Hand und – greifen nie um!

Wir Männer nehmen die Gabel ja doch gerne in die Arbeitshand, es schaufelt sich so einfach besser. Frauen müssen sich wahrscheinlich mächtig am Riemen reißen, um nicht noch die kleinen Finger zu spreizen. Und dann tun sie das, was jedem Mann heimlich ein Graus ist: Sie pfriemeln ihr Essen auseinander, als müssten sie beweisen, dass das Atom nicht das kleinste Teil von allem ist. Ich vertrete ja die Theorie, dass man mit einigem Geschick einen Fisch, den eine Frau ›gegessen‹ hat, in der Küche aus den ›Resten‹, die auf dem Teller verblieben sind, wieder zu einem absolut präsentablen neuen Fisch zusammensetzen könnte.«

ORDNUNG MUSS SEIN?

»Wenn Sie in Ihrem Haus endlich mal wieder richtig Ordnung schaffen möchten, schmeißen Sie Ihren Mann raus. Das Hauptordnungsproblem in einer Partnerschaft ist das Y-Chromosom. Männer sind vielleicht nicht dazu geboren, schlampig zu sein, aber spätestens in der Ehe benehmen sie sich so, als könnten sie nicht anders. Jede noch so unordentliche Frau muss dann ganz gegen ihre Natur hinter ihm herräumen und wird so nach und nach wie ihre eigene Mutter (siehe oben, Seite 32). Wenn zum Beispiel irgendwo ein angebissenes Sandwich verwaist herumliegt, dann kann ein Mann nicht weit sein.«

»Einspruch! Kein Mann würde ein Sandwich herrenlos herumliegen lassen. Daran sieht man schon, dass bei diesem Thema nicht von Tatsachen, sondern von Vorurteilen die Rede ist. Ordnungssinn ist eigentlich etwas, was viel mehr mit dem Tierkreiszeichen zusammenhängt als mit dem Geschlecht. Zufall, dass du Wassermann bist? Oder gibt es da einen Zusammenhang?«

»Und was für ein Zusammenhang soll das bitte sein?«

»Naja, vielleicht macht ja eins und eins drei: Wassermann plus Frau ergibt x-mal mehr Unordnung als nur ein kleiner, schmächtiger Stier allein oder Frau allein ...«

Die Frau rät:

Besser nichts anfassen

Sollten Sie in seinen Taschen den Autoschlüssel suchen: Vorsicht vor gefährlichen Viren und Bakterien! Tragen Sie beim Durchsuchen der Wäsche Ihres Liebsten mindestens einen Mundschutz sowie Handschuhe. Ein Desinfektionsspray sollte griffbereit sein. Andernfalls laufen Sie Gefahr, auf unbestimmte Zeit in Quarantäne gesteckt zu werden, und dann brauchen Sie den Autoschlüssel bestimmt erst mal nicht mehr.

»Völliger Unsinn. Wer je meine Schränke gesehen hat, weiß, dass ich zwar nichts wegwerfen kann, aber auch Ordnung geradezu mein zweiter Vorname ist.«

»Schränke! Man achte auf den Plural!«

»Dagegen bist du nicht mal imstande, deine Manteltaschen in Ordnung zu halten. Da drin fliegt alles durcheinander.«

»Du forschst in meinen Taschen?«

»Ich habe die Autoschlüssel gesucht.«

»Die solltest du da auch gefunden haben.«

»Habe ich auch. Unter einem Berg benutzter Taschentücher, diverser Kassenzettel vom vergangenen Jahr, alter Eintrittskarten, einer zerknüllten Zeichnung von Tara, einem Schnürsenkel (weiß der Himmel, warum mein Mann einen einzelnen Schnürsenkel herumträgt und wozu er ihn braucht), deinem kleinen Taschenmesser, dem Handy und jeder Menge Kleingeld. Bei dir in den Taschen sieht's aus, als wolltest du auf Safari gehen.«

»Das ist doch gar nichts gegen deine Handtaschen!«

»Du forschst in meinen Taschen?«

»Frauen benutzen Handtaschen ja als Survival-Kit. Alles befindet sich darin, was man eventuell brauchen könnte, falls ein Meteorit auf der Erde einschlägt, ein Tsunami über Hamburg-Rissen hereinbricht oder man den Bus verpasst. Wer einer Frau die Handtasche klaut, kann im Grunde ein Kaufhaus eröffnen: Handy, Lippenstift, Klebestift, Kajal, Wimperntusche, Rouge, Nagelfeile, Hühneraugenpflaster, Mullbinde, Damenbinde, Bindfaden, MP3-Player, Nagellack, Nagellackentferner, Geldbörse, Schlüsselbund, Bürste groß, Bürste klein, Pinzette, Pipette, Flossette, Reisezahnbürste, Reisewaschmittel, Reisetabletten, Aspirin, Vitamine, Brille, Deo, Taschentücher, Erfrischungstücher, Kondome (äh, wieso Kondome in deiner Tasche??!), Hustenbonbons, ein Magenbitter vom vorletzten Jahr, ein Nähset aus dem Hotel, Visitenkarten (eine ganze Sammlung), Kreditkarten (leider auch eine ganze Sammlung), Kundenkarten (ein ganzes Archiv, das wir später mal einem Museum stiften werden), USB-Stick, Kugelschreiber, Kalender, Adressbüchlein, Pflaster, Haargummi, Kaugummi, Radiergummi, Weingummi, Wattestäbchen, Wattepads, Handcreme, Haarspray, Nasenspray, Pfefferspray ...

Falls dich wirklich mal einer überfällt, musst du sagen: ›Moment mal, ich habe da was in meiner Handtasche.‹ Bis du das Pfefferspray gefunden hast, ist er vermutlich eingeschlafen, verhungert oder erfroren. Wahrscheinlich alles drei. Das Buch wäre längst voll, wenn wir alles, was sich in deiner Handtasche üblicherweise befindet, aufzählen würden. Das Einzige, was es in der Handtasche einer Frau nicht gibt, ist Ordnung. Und wenn du beklagst, dass in den Mantel- oder Jackentaschen der Männer solche Unordnung herrscht, dann musst du bedenken: Männer haben keine Handtaschen. Also müssen sie zum Überleben das Nötigste in die Mantel- oder Jackentaschen stopfen.«

»Dein Chaos regiert aber nicht nur in den Taschen. Ich sage nur: Unterlagen! Computer! Wäsche!«

»Socken knödeln ist nun mal ein Schwachpunkt von mir. Ich kann das einfach nicht richtig ...«

»Das ist auch typisch Mann: Immer wenn er etwas nicht tun *will*, tut er so, als ob er es nicht tun *kann*. In Wirklichkeit ist die Unfähigkeit der Männer, Wäsche zu sortieren, abzuspülen, Babys zu wickeln ...«

»Moment mal, im Wickeln bin ich richtig gut!«

»Das haben wir doch auf Seite 77 alles schon diskutiert. Es handelt sich nur um deine weibliche Seite. In Wirklichkeit ist diese vermeintliche Unfähigkeit nichts anderes als eine Arbeitsvermeidungsstrategie.

Dazu gehört auch das Ordnunghalten. Männer schlampen herum, weil sie hoffen, dass wir Frauen den Schlamassel hinterher schon wieder wegräumen.

Und was soll ich sagen? Wir Frauen sind tatsächlich dumm genug, es zu tun. Wir räumen die Wäsche weg, misten den Keller aus, alles nur, damit es endlich mal getan wird.«

»Ihr Frauen habt halt doch den besseren Ordnungssinn.«

»Nett, dass du das zugibst. Ich weiß bloß nicht, warum mich das jetzt nicht wirklich glücklich macht.«

DIE MÄCHTE DES HIMMELS

Es ist kein Geheimnis, dass Frauen spirituell empfänglicher sind als Männer. Denn sie sind nicht nur engelsgleiche Wesen, sie haben ganz offenbar auch den besseren Draht nach ganz oben. Das jedenfalls würde meine Frau zweifellos unterschreiben. So beginnt sie zum Beispiel die morgendliche Lektüre nicht wie jeder vernünftige Mensch (also wie jeder Mann) mit dem Politik- oder Sportteil der Zeitung, sondern mit dem Horoskop. Aber glaubt sie an das, was sie da liest? Ich weiß es nicht. Es gehört zu den großen Geheimnissen der Frauen, nach welchen Regeln sie sich an Horoskope halten. Wenn dort stünde: »Verbringen Sie den heutigen Tag doch vergnüglich mit Ihrem Partner im Bett und haben sie wilden, schmutzigen Sex«, nein, dann sind Horoskope Quatsch! Steht dort aber: »Lassen Sie es heute ruhig angehen, Ihr Holder soll auch einmal die Kinder in die Schule bringen, das Kleid aus der Reinigung holen und den Grill putzen«, haben wir Männer all diese Aufgaben umgehend auf der Agenda.

»Das wirst du nie verstehen, mein Lieber. Frauen, die ihr Horoskop lesen, horchen sozusagen in sich hinein. Das bedeutet nicht, dass man einfach an das glaubt, was da steht. In einem anständigen Horoskop würde höchstens stehen: ›Seien Sie vorsichtig mit Geldanlagen.‹«

»Dazu braucht man kein Horoskop. Mit Geldanlagen muss man immer vorsichtig sein.«

»Ja, aber es ist doch gut, gelegentlich daran erinnert zu werden.«

»Dann kann ich auch Horoskope schreiben.«

»Unsinn, Schatz. Du verstehst doch gar nichts von Astrologie.«

»Für solche Allgemeinplätze reicht mir eine Münze, die ich werfen kann.«

»Du hast keine Ahnung! Die Astrologie ist eine Wissenschaft. Sie sieht den Menschen im Zusammenhang mit dem Universum. Aber bei einem Stier ist das auch überhaupt kein Wunder. Und mit deinem Aszendenten ...«

»Na, dann bin ich ja froh, dass ich etwas habe, worauf ich mich berufen kann.«

Kleines Tierkreiszeichen-Lexikon für Männer

Man muss die Astrologie nur zu interpretieren wissen!

Tierkreiszeichen	So wunderbar ist diese Frau	Übersetzung für Männer
Steinbock	Geradlinig und treu, eine Frau, auf die man zählen kann	Dickschädelig und krankhaft eifersüchtig, verhält sich in jeder Situation garantiert absolut uncool
Wassermann	Intelligent und vielseitig begabt, eine weitsichtige Frau	Rechthaberisch und überambitioniert, kann den Tag nicht genießen
Fische	Romantisch und kreativ, eine Frau mit spirituellen Fähigkeiten	Eine abgedrehte Spinnerin; wahrscheinlich hoffnungslos untalentiert, hält sich aber für eine Künstlerin
Widder	Lebhaft, sinnlich und feurig	Eine anstrengende Nervensäge, die einem keine Ruhe lässt
Stier	Ausgeglichen, zielstrebig, eine starke Frau	Eine langweilige Person ohne jeden Glamour
Zwillinge	Neugierig, abenteuerlustig, eine Frau voll prickelnder Lebendigkeit	Sie ist schneller weg, als Sie das Wort »Zwillinge« buchstabieren können
Krebs	Familiär, treu, eine verlässliche Frau	Langweilig und pedantisch, eine komplizierte Frau
Löwe	Voller Wärme, Mut, Kraft und Lebensfreude, eine stolze Frau	Dominant und rücksichtslos, eine Frau ohne Verständnis für ihren armen Mann
Jungfrau	Ordentlich, vernünftig und sparsam, eine kluge Frau	Klingt spontan gut, ist aber ungut unspontan
Waage	Liebevoll, harmonisch, eine zärtliche, treue Frau	Eine Mutterglucke, die einem Mann jeden Freiraum nimmt
Skorpion	Fantasievoll, manchmal sprunghaft, eine lebenslustige Frau	Eine teure Partnerin, eine Gefahr für jede Kreditkarte, dazu launisch und albern
Schütze	Lebensbejahend, zupackend, voller Ideen, eine selbstbewusste Frau	Ich sage nur: Anna Freud war Schütze und Britney Spears ist es; was kein großer Unterschied ist

FAZIT: KANN MAN IRGENDWAS TUN AUSSER BETEN?

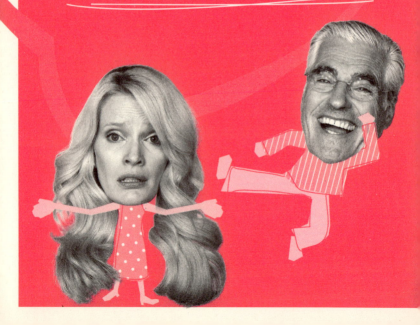

UNSERE TÄGLICHE KRISE

»Hallo, Schatz.«

»Hallo.« Pause. Fragender Blick.

»Is was?«

»Nein, warum?«

»Du wirkst so brummig.«

»Bin ich nicht, alles okay.«

»Wenn alles okay ist, warum bist du dann so schlecht drauf?«

Der Ton wird rauer. »Ich bin nicht schlecht drauf! Bin nur müde. Was gibt's zu essen?«

»Typisch, der Herr kommt nach Hause, brüllt mich an und will sich sofort an den gedeckten Tisch setzen!«

(Fassungslos.) »Ich brülle dich nicht an und ich habe keinen Bock, mich zu streiten! Okay, dann mach ich mir selber ein Brot.«

»Klar, damit du mir dann vorwerfen kannst, dass ich mich nicht um dich kümmere, wenn du müde aus dem Studio kommst. Was glaubst du, was ich den ganzen Tag mache? Glaubst du nicht, dass auch ich müde bin?«

(Zwei Stunden später.) »Schatz, wir sollten mal planen, wohin wir dieses Mal in Urlaub fahren. Was hältst du von Frankreich?«

»Nein, auf keinen Fall. Da habe ich immer kalte Füße!«

»Schatz, wir waren drei Wochen in der Bretagne, und einmal, als wir am Meer waren, hast du gefroren. Das waren vielleicht fünf Minuten, bis wir dieses hübsche kleine Bistro entdeckt haben.«

»Trotzdem! Außerdem essen die da eklige Tiere. Frösche, schleimige Muscheln und so ...«

(Tiefes Durchatmen.) »Und was ist mit Spanien? Da hattest du nie kalte Füße, und eklige Tiere essen die da auch nicht.«

»Ja, da ist das ganze Essen eklig! Außerdem brauchst du dich nicht über mich lustig zu machen! Glaubst du, ich durchschaue dich nicht?«

»Wieso?«

»Du willst doch gar nicht verreisen, wo bald die Fußball-EM beginnt. Du willst doch nur hier vor der Glotze sitzen.«

Pause.

Womit sie eigentlich recht hat! Was wiederum der Beweis ist, dass Frauen uns tatsächlich besser kennen, als wir Männer denken. Das stimmt doch versöhnlich und erinnert uns ein bisschen an unsere Mütter. Der Satz: »Alles Schlampen außer Mutti!« stimmt eben doch nicht.

Es müsste heißen: »Alles Schlampen außer Mutti, Ehefrauen und Töchtern!«

MERKZETTEL FÜR FRAUEN

95 Thesen, die an jeden Schminktisch genagelt werden sollten! Zugegeben, 95 Thesen sind schwer zu formulieren. Das liegt weniger daran, dass man sie sich nicht ausdenken könnte. So gesehen, kämen auch locker 950 Thesen zusammen, um die Unterdrückung des Mannes endlich zu beenden. Aber da wir Männer Realisten sind, wollen wir es bei ein paar Thesen belassen, in der Hoffnung, dass wenigstens ein Teil dieser Forderungen ein Schritt in Richtung einer besseren und gerechteren Welt ist. Denn 500 Jahre nach Luther ist mal wieder eine grundlegende Reformation nötig. Und zwanzig Jahre nach »Emma« erst recht.

Deshalb hier meine Forderungen an die Frauen:

1. Bedenkt: Shoppen ist nur eine Ersatzhandlung!
   Sie ist tief in den Genen der Frau verankert, kostet Geld, Lebenszeit – und wahre Befriedigung bringt sie auch nicht. Da wüssten wir Männer etwas Besseres ...!
2. Verschafft euch wenigstens ein minimales Grundwissen über fahrbare Untersätze!
   – Wozu ist ein Getriebe da, wenn ihr trotzdem immer mit dem ersten Gang durch die ganze Stadt fahrt?
   – Was tun, wenn plötzlich rote Warnlichter im Armaturenbrett des Wagens blinken?
   – Wie lang ist mein Auto im Verhältnis zur Parklücke? Das geräuschlose Einparken hat durchaus seine Vorteile.
   – Der Rückspiegel ist nicht ausschließlich zum Schminken und zum Kontrollieren der Frisur da.
   – Das Überholverbotsschild bedeutet nicht, dass nur rote Autos nicht überholen dürfen.
3. Fangt im Bett doch schon mal mit dem Vorspiel an!
   Wir kommen dann etwas später dazu und haben dadurch entsprechend mehr Energie für den eigentlichen Akt.
4. Habt Vertrauen!
   Es ist durchaus möglich zu überleben, ohne täglich mit der besten Freundin oder der Mutter zu kommunizieren.
5. Bedenkt, dass unsere Lebenserwartung kürzer ist als die von euch Frauen!
   Seid zu uns dementsprechend geduldig, tolerant und verwöhnend (womit wir wieder beim zeit- und kraftraubenden Thema des Vorspiels wären).

Fazit: Behandelt uns einfach, als wäre dies unser letzter Tag auf Erden und nach uns kämen nur noch Finsternis, Elend und endlose Trauer auf euer Leben zu.

Fazit: Kann man irgendwas tun außer beten?

WASCHZETTEL FÜR MÄNNER

Männer packen gerne gleich die ganz große Keule aus. Frauen sind da praktischer orientiert. Statt Manifeste an Möbel zu nageln, sollte man es für den Mann bei einem einfachen Memo belassen. Das kommt auch seiner Auffassungsgabe entgegen. Denn Männer tun sich ja bekanntlich schwer, mehr als ein oder zwei Dinge innerhalb kurzer Zeit wahrzunehmen. Das soll sie aber nicht aus der Pflicht entlassen, an sich zu arbeiten. Deshalb habe ich hier mal 8 Thesen formuliert, die Sie Ihrem Holden getrost an die Windschutzscheibe oder auf den Fernseher (empfehlenswert wäre der Samstag kurz vor der Sportschau) kleben können.

1. Sätze wie: »Schatz, ich kann gar nicht zusehen, wie du dich in der Küche abrackerst, schließ doch bitte die Tür!« sollten nie mehr fallen.
2. Es ist nicht gesundheitsgefährdend, an die Bedürfnisse anderer zu denken, so schwer es einem Mann auch fallen mag.
3. Schmutziges Geschirr gehört in die Spülmaschine. Es ist kein physikalisches Wunder, dass übereinandergestapelte Teller nach Wochen zusammenkleben, sondern ein Speisereste-Problem, das sich leicht beseitigen lässt.

Info

10 Dinge, die Männer nie verstehen werden

... dass Frauen zehnmal in *Zeit der Unschuld* gehen und jedes Jahr zu Weihnachten wieder *Sissi* gucken können und dabei weinen.

... dass Frauen auch bei 30 Grad im Schatten kalte Füße haben.

... dass Frauen dauernd an ihre »Problemzonen« denken.

... dass Frauen nicht abschalten können.

... dass Frauen nicht ständig scharf auf Sex sind.

... dass es Frauen gibt, die Bücher von Hera Lind lesen.

... dass Frauen Stunden in und vor Schuhläden verbringen können.

... dass Frauen »nie etwas anzuziehen« haben.

... dass Frauen ein fotografisches Gedächtnis zu haben scheinen (zumindest was die männlichen »Verfehlungen« betrifft).

... dass Frauen immer mindestens einen Koffer mehr mitnehmen wollen, als ins Auto passt.

---

4. Wer sich neunzig Minuten Zeit für ein Fußballspiel nimmt, sollte sich zumindest neun Minuten für den Sex nehmen (das Vorspiel nicht mitgerechnet!)

5. Männer! Seht das Vorspiel doch mal als das Warmmachen vor dem Kick-off (Anstoß). Vielleicht motiviert euch das.

6. Nicht jeder Autofahrer, der vor einem fährt, ist unbedingt ein Feind, der vernichtet oder mindestens gedemütigt gehört.

7. Eine Unterhose ist auch noch schmutzig, wenn man sie umdreht. Übrigens gilt das auch für Socken. Und die riechen auch nicht besser, wenn sie faustgroße Löcher aufweisen.

8. Zärtlichkeit hat ihren eigenen Stellenwert, und kuscheln bedeutet nicht fummeln oder befingern. Auch will eine Frau damit nicht zwangsläufig einen Quickie provozieren.

Fazit: Kann man irgendwas tun außer beten?

10 Dinge, die Frauen nie verstehen werden

... dass Männer sich über die zotigsten Witze schlapplachen können und Monty Python für die genialste Theatertruppe aller Zeiten halten.
... dass Männer schweres Essen lieben, obwohl sie hinterher erledigt sind.
... dass sie (dann) immer eine Ausrede zur Hand haben, um viel Alkohol zu sich zu nehmen.
... dass Männer selbst nach einem Streit, der bis aufs »Blut geht«, sich umdrehen und im selben Augenblick einschlafen können.
... dass Männer jeden Sport, in dem ein Ball, Auto oder Pferd vorkommt, spannend finden.
... dass Männern das Geschenke-schön-einpacken-Gen völlig fehlt.
... dass es Männern immer wieder gelingt, sich bei dem geringsten Geräusch, das nach Hausarbeit klingt (wie dem Klappern von Geschirr oder dem Staubsauger), aus dem Staub (wie passend!) zu machen.
... dass bei Männern der Vorsatz, ihre Kinder zu erziehen, in dem Moment vergessen ist, in dem die Frau das Haus verlassen hat.
... dass Männer mit großer Freude (und oft mit Ansage) furzen.
... dass sich Männer zu gern (auch vor Publikum) im Schritt kratzen.

Es ist unmöglich, zu verstehen, was Männer und Frauen nicht zu verstehen in der Lage sind.

Unser Rat lautet deshalb: Vergessen Sie's! Erwarten Sie nicht, dass er oder sie Sie jemals versteht. Lernen Sie einfach damit zu leben, dass es Dinge gibt, die man dem anderen Geschlecht einfach nicht vermitteln kann.

VON EWIGKEIT ZU EWIGKEIT

»Hase, unser Buch ist fertig!«

»Ja, mit Müh und Not. Hoffentlich kauft es auch jemand.«

»Der Verlag glaubt an einen Erfolg.«

»Is' doch klar, dass die dran glauben. Die finanzieren es ja auch!«

»Meine Güte! Typisch Mann, immer negativ!«

»Und typisch Frau, immer gleich persönlich werden!«

»Ihr Männer mit eurer Pseudologik. Alles blöde Ausreden! Der Verlag sagt, das Manuskript ist komplett, was willst du mehr?«

»Aber wir haben doch noch gar nicht alles gesagt!«

»Wieso?«

»Also, ich hätte noch eine Menge, was ich über Frauen erzählen könnte ...«

»Zu spät, mein Lieber. Du wirst Mut zur Lücke haben müssen.«

»Und du? Bist du denn alles losgeworden?«

Nicken.

»Du willst mir doch nicht erzählen, dass ausgerechnet ihr Frauen schneller auf den Punkt kommt?«

»Nein. Aber Männer sind einfach schlichter gestrickt. Da gibt es nicht so viel zu sagen.«

Und so setzt sich dieses nicht ausschließlich um Logik bemühte Gespräch fort. So wie in den meisten Beziehungen zwischen Mann und Frau. Jeden Tag. Seit Jahrhunderten.

Immer wieder prallen Welten aufeinander, täglich wird Logik neu definiert, und irgendwann wird klar: Beide haben irgendwie recht ... Was sich nah ist, reibt sich manchmal. Aber was sich liebt, rückt dann wieder zusammen ... auch wenn das bleibende Motto lautet:

»Unsere tägliche Krise gib uns heute!«

Verlagsgruppe Random House FSC-DEU-0100
Das für dieses Buch verwendete FSC®-zertifizierte Papier
Lux Cream liefert Stora Enso, Finnland.

1. Auflage
Taschenbuchausgabe Oktober 2011 bei Blanvalet,
einem Unternehmen der Verlagsgruppe Random House GmbH,
München.
Copyright © der Originalausgabe 2009 by
Gräfe und Unzer Verlag GmbH, München,
einem Unternehmen der Ganske Verlagsgruppe.
Umschlaggestaltung: Johannes Wiebel | punchdesign, München
unter Verwendung der Originalvorlage von HildenDesign,
München.
Umschlagfoto: © Kay Blaschke
Die Rechte für Autorenfotos und Illustrationen liegen bei
Graefe und Unzer. Fotos: Getty Images: 143 (The Image Bank/Shannon Fagan),
158 (Stone/Ryan McVay), Shutterstock: 42 (Andreas Weber),
132 (Thomas M. Perkins)
DF · Herstellung: sam
Satz: Uhl+Massopust, Aalen
Druck und Einband: GGP Media GmbH, Pößneck
Printed in Germany
ISBN: 978-3-442-37748-0

www.blanvalet.de